O DIGITAL, A COMUNICAÇÃO E A ESCOLA: E AGORA?

COMISSÃO EDITORIAL DA OBRA

Willian Geraldo Sallum

Doutorado em Ensino de Ciências pela Universidade Cruzeiro do Sul. Mestre em Tecnologia da Informação pelo Centro Federal de Educação Tecnológica de Minas Gerais. Graduado em Matemática pela Faculdade de Filosofia Ciências e Letras de Belo Horizonte. É Professor titular do CEFET-MG, lotado no Departamento de Computação (DECOM), atuando como Coordenador de Curso no Núcleo de Ensino a Distância do CEFET-MG (NEaD). Seus estudos estão voltados para a área da Educação, com ênfase nas suas Tecnologias, Educação a Distância, Matemática, Aplicações Web e Tecnologias da Comunicação e Informação.

Coleção
Aos Mestres com Carinho

O DIGITAL, A COMUNICAÇÃO E A ESCOLA: E AGORA?

LENISE MARIA RIBEIRO ORTEGA
VITOR FIUZA ROCHA

Artesã

O digital, a comunicação e a escola: e agora?

DIRETOR
Alcebino Santana

CAPA
Artesã Editora / Walkiria P. Campos

DIREÇAO DE ARTE
Tiago Rabello

DIAGRAMAÇÃO
Artesã Editora / Walkiria P. Campos

REVISÃO
Os autores

Catalogação na publicação: Janaína Ramos – CRB - 8/9166

T292

O digital, a comunicação e a escola: e agora? / Organização de Lenise Maria Ribeiro Ortega, Vitor Fiuza Rocha; Prefácio de Carlos Roberto Jamil Cury. – Belo Horizonte: Artesã, 2024.

Autores: Ana Flávia de Faria Colina, Daniella Lopes Dias Ignácio Rodrigues, Fernanda Câmpera Clímaco, Jane Quintiliano Guimarães Silva, José Wilson da Costa, Laura Alaane Mesquita de Araújo, Sandra Andrade de Castro, Saulo Furletti.

(Aos mestres com carinho)
Organização da coleção: Ângela Mathylde Soares
118 p.; 16 X 23 cm

ISBN 978-85-7074-129-5

1. Tecnologia educacional. 2. Educação à distância. 3. Comunicação. I. Ortega, Lenise Maria Ribeiro (Organizadora). II. Rocha, Vitor Fiuza (Organizador). III. Cury, Carlos Roberto Jamil (Prefácio). IV. Título.

CDD 371.3944

Índice para catálogo sistemático

I. Tecnologia educacional

IMPRESSO NO BRASIL
Printed in Brazil

(31)2511-2040 (31)99403-2227
www.artesaeditora.com.br
Rua Rio Pomba 455, Carlos Prates - Cep: 30720-290 | Belo Horizonte - MG
/artesaeditora

APRESENTAÇÃO DA COLEÇÃO

Profa. Dra. Ângela Mathylde Soares

A Coleção AOS MESTRES COM CARINHO é um diálogo com conteúdo sobre o dia a dia do chão de sala de aula com a intenção e objetivo de responder indagações e inquietações das perguntas sem respostas. O famoso "e agora?".

Esta coleção tem o desejo de trazer a valorização dos profissionais de educação.

Precisamos entender que essa ação de valorizar não está ligada apenas a remuneração, mas sim a dar condições para que os envolvidos no processo do educar e do aprender tragam bagagem pedagógica que acompanhe as novas tecnologias e as novas aprendizagens.

E não podemos nos esquecer das novas parcerias feitas com a educação, como a psicopedagogia, a saúde, a ciência, o direito e várias outras áreas presentes na educação do século XXI.

A Informação hoje é rápida, dinâmica e imediata, e com isso, com esta nova geração de estudantes, é necessário um professor que caminhe nesse mesmo território. Assim, há necessidade de capacitar e renovar para acompanhar as tão desejadas mudanças.

Precisamos alinhar as ações incluindo a capacitação dos docentes, as parcerias das famílias e o casamento com a ciência, trazendo respaldo a esta formação, com intuito, intenção e garantia de melhora constante do ensino. Esta coleção será um encontro carinhoso, respeitoso e eficaz sobre o tema que trabalhará a qualificação e a motivação dos nossos mestres e os envolvidos nesta gestão.

Uma equipe qualificada e preparada para as demandas de sala de aula é de suma importância, aliás, fundamental para que este objetivo seja cumprido.

Entendemos que esta coleção é um investimento importante que trará um conforto para professores, alunos, gestores e profissionais da educação, que possibilitará uma melhoria nas questões, individualidade e empoderamento do aluno – o que se fará por volumes e temáticas

pontuais, possibilitando, assim, para o profissional da educação, ter informação ampla e bem assertiva sobre cada assunto proposto.

É importantíssimo ressaltar os benefícios que esta coleção trará aos cursos universitários, favorecendo a reflexão de que, no processo, precisam receber com a teoria, a prática e o envolvimento uma metodologia que traga excelência e respeite as competências e habilidades de nossos alunos.

A prática em sala de aula tem que nortear o aluno e o professor em atividades que estimulem a criatividade e a pesquisa baseada em evidências, por meio de um marco teórico fundamentado.

Pensando nessa discrepância entre o que se aprendeu na faculdade e a realidade de uma sala de aula, nasce a coleção AOS MESTRES COM CARINHO, para auxiliar responder os agoras dos profissionais da educação. Nasce uma coleção que se importa com a educação de qualidade e com evidência.

E não podemos nos esquecer do professor e de todos os envolvidos neste processo de receber o melhor de nós.

Com muito carinho, como professora, dedico esta coleção aos profissionais da educação, com o coração cientificado e motivado. Espero que esta experiência seja proveitosa. Curta os volumes e responda às perguntas que não querem calar!

O meu MUITO OBRIGADA!

PREFÁCIO

O direito à educação, hoje um direito juridicamente protegido, sempre constou, desde a Modernidade como uma via para que o sujeito usufruísse desse e de outros direitos. Ora, a educação aparece consignada como instrução, ora como ensino. Mas seja como for, ela é a via institucional, pela escola, a fim de que os sujeitos adquiram tanto conhecimentos fundamentais, de corte científico, quanto a constituição de valores de referências. Os conhecimentos fundamentais e a constituição de valores, ganharam, no Brasil, o signo da cidadania. Com isso, o sujeito passaria a dispor de um espaço de participação na vida sociopolítico-cultural e de uma inserção qualificada no mundo do trabalho.

No Brasil, a configuração desse direito foi lenta e árdua. Os beneficiários desse direito, por meio de lutas e embates, foram se ampliando. Em um primeiro momento era o acesso. Quem poderia ou quem deveria adentrar aos portões da escola e quem não poderia ou não deveria, foram perguntas cruciais em nossa História e já pautavam as discussões no Império. Sabe-se que a escola, à época, tinha "portões estreitos" e maioria ficava de fora. Subir nos graus de escolaridade então, mais "estreitas eram as portas". Obviamente o não acesso implicava a negação da oferta de um conjunto sistemático de conhecimentos e de valores que, por sua vez, eram condicionantes de outros espaços na vida sociopolítica-cultural. Aos poucos, os portões de fora se abriam, mas as portas internas continuavam estreitas para um prosseguimento de estudos. Essa foi outra luta a fim de abrir tais portas. Ao direito ampliado, agora se fazia associada a expressão democracia. Democratizar a escola era, de pronto, negá-la como privilégio de poucos e assinalá-la como direito de todos e de todas em vários degraus da escolaridade. Hoje, nossa Constituição de 1988 acolheu como princípio e norma a educação básica, obrigatória dos quatro aos dezessete anos, e, direito de todos e todas, mesmo para aqueles que não tiveram acesso na idade apropriada ou interromperam seu processo escolar. Do ponto de vista formal, o Brasil se acertou com a universalização do acesso à educação obrigatória.

Entrementes, se a seletividade está legalmente esconjurada, isso não quer dizer que ela haja desaparecido. Ela passou para o interior da escola, seja pelos currículos, seja quantidade de insumos pedagógicos, seja pela formação qualificada de docentes. E é no âmbito dessa realidade, ou seja, no interior do ambiente escolar que se situa a proposta desse livro e que poderia ser abrangida pelo conceito de *cidadania digital*. Com efeito, a transversalidade dos capítulos que compõem esse livro tem como pressuposto que faz parte da cidadania contemporânea o acesso e o domínio das tecnologias digitais da informação.

Primeiramente, trata-se do acesso e, depois da posse e uso dessas novas ferramentas da comunicação, que estão povoando nosso cotidiano por meio de um fluxo ininterrupto de informações, fazer delas uma integração com os currículos, de modo a consistir em um aperfeiçoamento do ensino/aprendizagem.

Dada a crescente importância desses novos meios de comunicação, com especial atenção para a rede mundial dos computadores, possibilitando um algo mais para o processo de conhecimento, o Plano Nacional de Educação da lei n. 13005/2014, assevera em sua meta 7, relativa à qualidade da educação:

> 7.15) universalizar, até o quinto ano de vigência deste PNE, o acesso à rede mundial de computadores em banda larga de alta velocidade e triplicar, até o final da década, a relação computador/aluno (a) nas escolas da rede pública de educação básica, promovendo a utilização pedagógica das tecnologias da informação e da comunicação.

E na meta 15, referida à política nacional de formação dos profissionais da educação, também dispõe:

> 15.6) promover a reforma curricular dos cursos de licenciatura e estimular a renovação pedagógica, de forma a assegurar o foco no aprendizado do (a) aluno (a), dividindo a carga horária em formação geral, formação na área do saber e didática específica e incorporando as modernas tecnologias de informação e comunicação, em articulação com a base nacional comum dos currículos da educação básica, de que tratam as estratégias 2.1, 2.2, 3.2 e 3.3 deste PNE.

A necessidade da inclusão digital, um dos móveis desse livro, ficou escancarada com a pandemia, evidenciando que a ausência do ensino presencial poderia ter sido mitigada, caso tais metas e estratégias houvessem sido implementadas. Doravante, a promoção universalizada dessas ferramentas inclusivas é imperativa, já que à manutenção do ensino presencial se agrega e se complementa a flexibilidade do acesso virtual a novas fontes de conhecimento.

A importância desse livro, então, se destaca pelo aporte que traz em seus capítulos. Ele não ignora que essa entrada, no âmbito escolar, se inicia na educação infantil por meio de uma integração progressiva em direção a outras etapas da educação básica. Nesse sentido, da posse da ferramenta vai se consubstanciando o uso dela de modo a fazer do hábito, já cotidiano dos estudantes, um ponto donde se partir para um processo dialógico.

O cerne da didática é o trabalho do docente em tomar a situação e o ponto de vista do outro para, por meio da dialogia, ir elevando os conhecimentos e fazendo da ética e do respeito um outro elemento de inclusão. Desse modo, há que orientar o uso fundamentado da ferramenta, evitando as informações falsas, sabendo discriminar as fontes confiáveis e dando os devidos créditos a quem de direito.

Por outro lado, importa muito que os docentes tenham uma formação pertinente em relação a ambientes virtuais de aprendizagem os quais hão de complementar e aperfeiçoar o ensino presencial. Mas, além disso, tal formação implica um "aprender a aprender" de modo a possibilitar um aprendizado permanente.

O conjunto desse livro, todo voltado para as mais diferentes formas da inclusão digital, entre as quais hoje se encontra a urgência da cidadania digital. Como nos aponta Bobbio (1986), é preciso fazer frente à sexta promessa não cumprida com relação à cidadania:

> Nos dois últimos séculos, jamais esteve ausente o argumento segundo o qual o único modo de fazer com que um súdito transforme-se em cidadão é o de lhe atribuir aqueles direitos que os escritores de direito público do século passado tinham chamado de activae civitatis; com isso, a educação para a democracia surgiria no próprio exercício da prática democrática. (p.31)

Ora, a educomunicação, no sentido mais amplo do artigo 205 da Constituição, isto é, do pleno desenvolvimento da pessoa, implica objetivos que apoiem a formação de cidadãos ativos, conscientes e críticos. Longe da inculcação de esquemas massivos, truncados, próprios da educação bancária, tão criticada pelo pensamento freiriano, a educomunicação escolar será aberta, plural e crítica. Ela se conjuga, então, com o artigo 214 da Constituição que advoga para a educação a promoção humanística, científica, cultural e tecnológica do País.

Esse livro é um convite tanto aos docentes e gestores, quanto aos discentes, para um domínio consciente dos múltiplos ambientes virtuais com suas possibilidades e que venham a favorecer uma inclusão digital própria da cidadania.

Prof. Carlos Roberto Jamil Cury

A EDUCOMUNICAÇÃO COMO POTENCIALIZADORA DO PROTAGONISMO ESTUDANTIL

Lenise Maria Ribeiro Ortega

Ana Flávia de Faria Colina

Laura Alaane Mesquita de Araújo

INTRODUÇÃO

A Educomunicação, compreendida no campo de interação entre educação e comunicação, vem ganhando maior visibilidade e legitimidade à medida que os pesquisadores da área avançam nos estudos sobre os processos comunicativos. Tendo como pressuposto educar para, com e por intermédio do uso de mídias, as práticas educomunicativas vêm provocando inovação na *práxis* pedagógica utilizadas pelos professores, impactando sensivelmente os estudantes, e despertando formas diversificadas de comunicação e educação.

Essas práticas, de acordo com Schöninger & Sartori & Cardoso (2016), propõem-se a potencializar ecossistemas comunicativos no espaço escolar, unindo professores, estudantes, gestores, famílias e a comunidade, em geral, para o favorecimento de diálogos que viabilizam a criação de conhecimentos coletivos, com a finalidade de proporcionar a constante reflexão e novas experiências aos sujeitos escolares, por meio de conhecimentos múltiplos e contemporâneos que extrapolam o modelo tradicional escolar.

À vista do cenário atual, este trabalho discorre sobre materiais de apoio para os educadores que pretendem inovar suas práticas pedagógicas com propostas educomunicativas, ressignificando-as e potencializando o protagonismo dos estudantes. Para isso, sua estrutura compõe-se na apresentação de uma abordagem sobre a interface entre educação e comunicação, o percurso histórico da educomunicação no Brasil, o protagonismo estudantil e sobre quatro recursos de mídia digital que os educadores podem utilizar para potencializar e colocar em evidência a participação dos estudantes.

O CAMPO DA INTER-RELAÇÃO COMUNICAÇÃO/EDUCAÇÃO

A Educomunicação é um campo de intervenção social que nasce a partir da inter-relação entre a educação e a comunicação. Pode ser definida como um conjunto de ações comunicativas para os espaços educativos, destinado a criar ecossistemas comunicativos – abertos, criativos e midiáticos (Soares, 1998). Nesses espaços, tanto presenciais quanto virtuais, a intenção de fortalecer a capacidade expressiva dos sujeitos é explicitada e enriquece as relações educativas (Lopes, 2019).

O educomunicador brasileiro Ismar de Oliveira Soares foi o responsável pela sistematização e pelo reconhecimento da emergência desta nova área, no final dos anos 1990. Tavares Júnior (2007), afirma ser importante realizar um estudo epistemológico acerca da inter-relação Comunicação/Educação para analisar a introdução da comunicação no âmbito escolar, evidenciando desde então, um espaço de conhecimento a ser explorado.

Soares, (2000, p. 13), afirma que não é evidente "que educação e comunicação podem vir a integrar-se, em algum momento, num campo específico e autônomo de intervenção social" uma vez que, essas áreas, ao serem instituídas pela racionalidade moderna, tiveram seus campos bem demarcados, cumprindo funções específicas, como pode ser visto no quadro construído por Tavares Júnior:

Quadro 1 - Demarcação da Educação no Mundo

Mundo da Educação Escolar	Mundo da Educação em Massa
Concepção desenvolvida a partir do século XVIII	Concepção desenvolvida a partir do século XIX

Função: Transmitir normas, cultura e valores de uma geração para outra, manter a ordem estabelecida	Função: disponibilizar informações, entreter, divulgar serviços e produtos
Espaço local	Sem espaço definido. Desterritorializado, espaço planetário global
Regido por normas conhecidas	Danos "invisíveis" (muitas vezes a população não sabe quem são ou não tem acesso a eles).
Traduzem formas nacionais de poder	Traduzem formas globais de poder
Pensamento lógico, geométrico	Pensamento fragmentado. Mosaico, composição por *flashes*
Linear	Não-linear
Indutivo	Dedutivo
Livresco, escrito	Sonoro, visual, audiovisual
Imagens e textos fixos	Imagens e textos em movimento
Predomínio do racional	Predomínio do emocional
Participação do educando por "obrigatoriedade".	Participação do educando por interesse, vontade, prazer, fruição
Disponível para o educando durante cerca de 200 dias por ano, algumas horas por dia.	Disponível para o educando durante 365 dias por ano, 24 horas por dia.

Fonte: Tavares & Soares (1998).

Percebe-se que a escola, *lócus* onde é promovida a educação formal é responsável pela produção de saberes necessários ao desenvolvimento social, mas é obsoleta e despreparada para qualificação dos seus agentes. O discurso educacional é fechado, oficial, validado por autoridades e entregue em forma de currículo para alunos e professores, o que a torna burocrática e presa ao Estado. A comunicação, por outro lado, está ligada ao lazer popular e à difusão de informações, submetida a regras de mercado. O discurso comunicacional, por sua vez, é aberto, inusitado, e, estando vinculado ao mercado, está sempre à procura do novo. Por esse olhar, nota-se que as áreas da educação e da comunicação são bastante distintas e se distanciam nos discursos.

Os educadores Célestin Freinet (1896-1966) e Paulo Freire (1825-1997) são reconhecidos como pioneiros nas perspectivas da inter-relação Comunicação/Educação. O primeiro defende o uso da comunicação como forma de expressão dos educandos, e o segundo, aponta o caráter dialógico dos processos comunicacionais inseridos no agir pedagógico libertador. Sob esses pressupostos, a comunicação é vista como um componente do processo educativo que potencializa conexões e interações, pois "[...] o diálogo é o elo que amplia as possibilidades de troca; e a educação como promotora do desenvolvimento humano individual e coletivo" (Ribeiro, 2015, p. 7).

Soares (2017) destaca o comunicador Mário Kaplún, para quem a "Comunicação Educativa" existe para dar à educação métodos para desenvolver a competência comunicativa dos educandos. Segundo o comunicador, esse desenvolvimento pode ocorrer a partir de três modelos: I) modelo bancário, II) modelo dos efeitos e III) modelo dialógico ou transformador.

O modelo bancário, apontado como modelo exógeno (Marques; Talarico, 2016), é considerado formal e dá primazia ao saber sobre o fazer, sendo que as dinâmicas de ensino e aprendizagem são distintas, centrada no professor, enquanto o aluno memoriza informações, em uma relação autoritária e verticalizada. Vale mencionar que Freire (1987) criticou duramente a educação bancária, por considerar que nesse modelo, o educador vai enchendo a cabeça dos educandos com falso saber, que são os conteúdos impostos. Para o autor,

> Na concepção bancária que estamos criticando, em que a educação é o ato de depositar, de transferir, de transmitir valôres e conhecimentos, não se verifica nem pode verificar-se esta superação. Pelo contrário, refletindo a sociedade opressora, sendo dimensão da "cultura do silêncio", a "educação" "bancária" mantém e estimula a contradição. (Freire, 1987, p. 34).

O modelo dos efeitos, também apontado como modelo exógeno, inspirado na cibernética, integra as ciências da informação com as disciplinas de aprendizagem, visando modernizar o sistema de ensino e gerando uma "Tecnologia Educativa" a serviço da persuasão. Kaplún, menciona um trecho que se destaca por estabelecer como função do comunicador

> [...] una especie de arquitecto de la conducta humana, un practicante de la ingeniería del comportamiento, cuya función es inducir y persuadir a la población a adoptar determinadas formas de pensar, sentir y actuar, que le permitan aumentar su producción y su productividad y elevar sus niveles y hábitos de vida" (Kaplún, 2002, p.30).[1]

Marques & Talarico (2016, p. 429-430), explicam que esse modelo é problemático porque pretende interferir na conduta das pessoas, com a finalidade de atingir objetivos estabelecidos por quem planeja a educação, modelo esse, denominado por Kaplún como "comunicação persuasiva", a qual utiliza a reprodução de estereótipos e a clichês. Os autores explicam que, diferente do modelo anterior, esse modelo pode ser percebido "como uma proposta ausente de passividade" porque nele é previsto "uma reação por parte do receptor", não porque o receptor, finalmente, passou a importar como um sujeito ativo, mas pelo fato dele ser um modelo persuasivo que, aparentemente, pois

> O que se espera do receptor é a exteriorização de uma resposta estereotipada, considerada como adequada apenas quando apta a satisfazer aos interesses do emissor. Para que funcione conforme o esperado, nesse modelo de educação que se dá à moda de uma "engenharia do comportamento", conteúdos e objetivos são fixamente estabelecidos, reduzindo-se a "participação" do educando à execução daquilo que foi planejado sem sua participação. Ou seja, ainda que questione o modelo mais tradicional e acrescente algo em relação a ele, a *educação com ênfase nos efeitos* apresenta o sério problema de ansiar resultados em termos de *produtividade*, em detrimento de *reflexão* e *crítica*. (Marques & Talarico, 2016, p. 430). (grifos dos autores).

Por fim, o modelo dialógico, apontado como modelo endógeno, é centrado no "processo" e busca gerar sentidos. Isso quer dizer que esse modelo propõe um sistema participativo e autônomo, incluindo todas as modalidades de comunicação (individual, grupal, oral, escrita, transversal, entre outras). Marques & Talarico (2016), explicam que nesse modelo o que importa, mais do que saber o que e como fazer, é a criação de dispositivos que possibilitem que o homem possa desenvolver habilidades intelectuais para se posicionar criticamente frente ao que faz, aguçando assim, a sua consciência moral. Portanto,

---

1 [...] uma espécie de arquiteto da conduta humana, um praticante da engenharia do comportamento, cuja função é induzir e persuadir a população a adotar determinadas formas de pensar, sentir e atuar, o que lhe permite aumentar sua produção e sua produtividade e elevar seus níveis e hábitos de vida. (Tradução livre).

> Não se trata, pois, de educar usando o instrumento da comunicação, mas que a própria comunicação se converta no eixo vertebrador dos processos educativos: educar pela comunicação e não para a comunicação. Dentro desta perspectiva da comunicação educativa como relação e não como objeto, os meios são ressituados a partir de um projeto pedagógico mais amplo (Soares, 2000, p. 20).

Esse é o modelo que está associado ao modelo pedagógico conhecido como educação libertadora e transformadora que Paulo Freire, amigo pessoal e principal influenciador de Kaplún, utiliza para entender a comunicação popular. Esse modelo de comunicação é fundamentado na teoria crítica-emancipatória e busca transformar a realidade por meio de "[...] um processo pelo qual o educador convida os educandos a reconhecer e desvelar a realidade criticamente" (Freire, 1985, p. 125).

Freire (1987), defende uma educação dialógica que propicie a emancipação e a humanização que possibilite ao homem agir sobre seu mundo e transformá-lo. Ele defende ainda, a relação dialógica na escola como um ato político - para romper com a verticalização da educação bancária que aprisiona e impede que os estudantes desenvolvam o pensamento crítico. Ou seja, a relação dialógica para o autor favorece a comunicação, a partilha, pluralidade, a capacidade de refletir e abre espaço ao pensamento crítico-problematizador das condições existenciais acarretando a *práxis* social, a partir da qual, ação e reflexão estão concebidas dialeticamente.

No modelo dialógico, a ação de escutar é tão importante quanto a de falar. Desse modo, quando as pessoas estão num cenário de fala-escuta, elas estão em reciprocidade porque o que fala quer ser ouvido e o que ouve, espera por um momento para poder falar, nas mesmas condições. Segundo, Menezes & Santiago (2014, p. 52),

> Essas situações ampliam as competências comunicativas necessárias para a convivência democrática na sociedade contemporânea, as situações pedagógicas, e qualifica a relação docente-discente, pois o diálogo implica ausência do autoritarismo e, ao mesmo tempo, modos de lidar com a tensão permanente entre a autoridade e a liberdade.

Para o pesquisador argentino Jorge Huergo (2001), a inter-relação Comunicação/Educação é uma área de intersecção com possibilidade transdisciplinar, mas que não se configura um novo campo. Já para o brasileiro Ismar de Oliveira Soares (1999), essa inter-relação se trata de um novo campo de conhecimento, que possui autonomia e está em consolidação. "Chamado, então, de Educomunicação, este novo campo está estruturado como processo midiático, transdisciplinar e interdiscursivo, baseando-se na comunicação dialógica [...]" (Tavares Júnior, 2007, p. 62).

Jesús Martín-Barbero, em 2002, apontou Paulo Freire "como autor da primeira teoria latino-americana de comunicação, porque o educador vinculou o sentido da comunicação à geração de uma linguagem capaz de fazer o sujeito nomear o próprio mundo." (Tavares Júnior, 2007, p. 55). Barbero foi quem propôs o conceito de ecossistema comunicativo, tão vital quanto um ecossistema ambiental, compreendendo a importância da ação comunicativa para o convívio humano, para a produção de conhecimento e implementação de projetos sociais. Para Barbero (2002), a primeira manifestação do ecossistema comunicativo é a relação das novas gerações com as tecnologias porque o livro impôs ao processo de aprendizagem uma centralidade ordenadora de etapas e modos de saber linear,

> secuencial de izquierda a derecha, tanto física como mental, y verticalidad del arriba hacia abajo, tanto espacial como simbólica. Sólo puestos en perspectiva histórica esos cambios dejan de alimentar el sesgo apocalíptico con que la escuela, los maestros, y muchos adultos, miran la empatia de los adolescentes con esos otros modos de circulación y articulación de los saberes que son los medios audiovisuales, los videojuegos y el computador. Estamos ante un descentramiento culturalmente desconcertante, y que la mayoría del mundo escolar en lugar de buscar entender se contenta con estigmatizar. Estigmatización que parte de desconocer la complejidad social y epistémica de los dispositivos y procesos en que se rehacen los lenguajes, las escrituras y las narrativas. Cuando es eso lo que verdaderamente está en la base de que los adolescentes a su vez no entiendan lo que hace la escuela y no lean en el sentido en que los profesores siguen entendiendo el leer. (Barbero, 2002, p. 2-3).[2]

---

2 "sequencial da esquerda para a direita, tanto física quanto mental, e verticalidade de cima para baixo, tanto espacial quanto simbólica. Apenas colocadas em perspectiva histórica, essas mudanças deixam de alimentar o viés apocalíptico com que a escola, os professores e muitos adultos olham para a empatia dos adolescentes com aqueles outros modos de circulação e articulação do conhecimento que são os meios audiovisuais, videogames e o computador. Estamos diante de um descentramento culturalmente desconcertante, e que a maioria do mundo escolar, ao invés de buscar entender, se contenta em estigmatizar. Estigmatização que parte de ignorar a complexidade social e epistêmica dos dispositivos e processos nos quais as linguagens, roteiros e narrativas são refeitos. Quando é isso que está realmente na base do

Os ecossistemas comunicativos passam por um processo de planejamento, desenvolvimento e avaliação, chamado de Gestão Comunicativa.

Nesse sentido, Soares afirma que "a Educomunicação propõe o uso do potencial dialógico das novas tecnologias para ampliar a expressão de estudantes, professores e membros da comunidade escolar" (Tavares Júnior, 2007, p. 62). Huergo (2001) ressalta que a racionalidade comunicativa e pedagógica deve primar sobre a racionalidade tecnológica, valorizando o papel ativo das audiências como sujeitos de comunicação. Orozco Gómez (1990) define, ainda, que o sujeito da comunicação é "social, ativo e interativo".

A EDUCOMUNICAÇÃO NO BRASIL

O Núcleo de Comunicação e Educação (NCE) da Escola de Comunicações e Artes da Universidade de São Paulo foi fundado em 1996, a partir da iniciativa do Departamento de Comunicações e Artes, visando o "aprofundamento de diferentes vertentes teóricas e o fomento de pesquisas na área" (Alves, 2007, p. 9). Sob a coordenação do Prof. Dr. Ismar de Oliveira Soares, o núcleo tem atuado em busca de caminhos para a integração da comunicação no espaço educativo, promovendo pesquisas, projetos e eventos, focados na inter-relação Comunicação e Educação.

Em 2001, o NCE foi convidado pela Secretaria Municipal de Educação de São Paulo para desenvolver um projeto, visando melhorar as relações entre os membros da comunidade educativa. A proposta ocorreu a partir do Projeto Vida (previsto na Lei n. 13.096, de 08/12/2000) e deveria estar em consonância com a política de prevenção e combate à violência, envolvendo escolas municipais de Ensino Fundamental (Próspero, 2013). Esse projeto recebeu o nome de "Educom.Radio - Educação para as Ondas do Rádio: construindo a paz pela comunicação". Seu principal objetivo foi capacitar integrantes do Ensino Fundamental na rede municipal, facilitando a aquisição de conhecimentos e das habilidades indispensáveis para que promovessem os diferentes modos de comunicação na sala de aula para a

---

fato de que os adolescentes por sua vez não entendem o que a escola faz e não lêem no sentido de que os professores continuam entendendo a leitura". (tradução livre)

promoção da paz (Próspero, 2013). Nessa direção, o projeto demonstra a legitimidade que a Educomunicação adquiriu como campo de intervenção social. Como consequência do seu alcance, em 2004, a então prefeita Marta Suplicy transformou o projeto Educom.Radio em Lei Municipal n. 13.941, Programa Educom - Educomunicação pelas Ondas de Rádio, regulamentada pelo prefeito José Serra em 15 de agosto de 2005 (Decreto n. 46.211).

Soares (2003) explica que diante da necessidade de ampliar as diversas formas de expressão, a Educomunicação busca melhorar o coeficiente comunicativo dos educandos, tanto em ambientes presenciais quanto virtuais. Isso faz sentido quando se observa a quantidade de informação disponibilizadas na sociedade e a necessidade de desenvolver-se o espírito crítico, frente ao uso dos meios de comunicação que atualmente são abundantes.

Soares (1999), sustenta que a prática educomunicativa é fundamental porque caminha na direção da construção da cidadania, considerando-se que todos têm direitos à comunicação e à expressão. O autor chama a atenção para a importância de políticas públicas voltadas para a educação nesse âmbito.

Uma pesquisa realizada por um grupo de acadêmicos do NCE/USP, orientados por Soares (1998), levantou o perfil do profissional Educomunicador: profissional que demonstra capacidade para elaborar diagnósticos no campo da inter-relação Comunicação/Educação, dedicando-se a seis subáreas: I) pesquisa; II) educação para comunicação; III) mediação tecnológica para educação; IV) gestão da comunicação no espaço educativo; V) produção cultural; e VI) uso dos meios na educação para a cidadania. Foram entrevistados 178 especialistas da área, sendo que 50% dedicam-se aos "estudos epistemológicos", voltados para a inter-relação Comunicação/Educação; 47,16% dedicam-se a projeto de "educação para comunicação"; 30% para o "uso das tecnologias na educação"; 19% desenvolvem atividades relacionadas à gestão comunicativa; 4% se dedica à atividades culturais voltadas para as linguagens artísticas e, por fim, 3% se voltam para atividades identificadas como o uso da comunicação para a formação da cidadania.

Analisando os dados recolhidos pela pesquisa de Soares (1998), pode-se concluir que, entre os integrantes do grupo entrevistado, metade dos especialistas se dedica a estudos epistemológicos. Diante disso, constata-se a necessidade de que mais profissionais atuantes na escola, se comprometam com a área educomunicativa para que o educando seja colocado no centro do processo ensino-aprendizagem. A Educomunicação é um campo interessante para se pensar o protagonismo estudantil no espaço educativo, por isso, a importância de se tomar a epistemologia como ponto de partida para as práticas educacionais.

Nesse contexto, cabem reflexões e ações com a finalidade de entender e atender aos desafios impostos à comunicação e à educação, de forma que seus resultados evidenciem avanços nas aprendizagens e nas relações vividas na escola e em sociedade, sobretudo se for considerada a presença das tecnologias que vem modificando estas e outras áreas da vida humana.

PROTAGONISMO ESTUDANTIL E A EDUCOMUNICAÇÃO

O protagonismo de crianças e adolescentes no Brasil ganhou relevância, principalmente, com a criação do Estatuto da Criança e do Adolescente - ECA (Brasil, 1990) e da Lei de Diretrizes e Bases da Educação Nacional - LDBEN (Brasil, 1996), pois o ECA passa a reconhecer as crianças e adolescentes enquanto sujeitos de direitos em pleno desenvolvimento e a LDBEN, compreende esses sujeitos como produtores de conhecimento que objetivam desenvolver-se integralmente, evidenciando seu papel de cidadãos.

Dentre os direitos estabelecidos pelo ECA, referentes à proteção integral, cabe ressaltar que esse aspecto "[...] consiste no compromisso de promover as garantias necessárias para que todas as crianças e adolescentes possam vivenciar a plenitude dos direitos" (Amorim, 2017, p. 70). Os sujeitos que pertencem a essas categorias, considerados como agentes sociais, contribuem na e para a cidadania, visto que nesse processo de desenvolvimento passam a conhecer mais suas identidades, germinam a autonomia e participam ativamente das decisões que lhe estão ao alcance, atuando e interagindo com os seus pares, com os adultos, nos espaços de sua comunidade e na escola. Todavia, ainda é recorrente identificar nas práticas cotidianas, os desafios referentes à capacidade plena das crianças e adolescentes exercerem, de fato, os seus direitos nos ambientes ao qual pertencem.

Em geral, os adultos, sejam eles pais, responsáveis e/ou educadores também encontram desafios para escutarem o que os sujeitos - crianças e adolescentes - têm a dizer e contribuir com as relações sociais, desconsiderando seus anseios, receios e a liberdade de se expressarem na sociedade. Sarmento defende a ideia que

> [...] as crianças [e adolescentes] são competentes e têm capacidade de formularem interpretações da sociedade, dos outros e de si próprios, da natureza, dos pensamentos e dos sentimentos, de o fazerem de modo distinto e de o usarem para lidar com tudo o que as rodeia (Sarmento, 2005, p. 373).

A escola, devendo ser uma continuidade da sociedade, tem o papel substancial de procurar efetivar os direitos das crianças e adolescentes e atentar-se para as contribuições e habilidades dos seus estudantes, de modo que eles estejam inseridos na dimensão formativa e possibilitar o desenvolvimento de práticas pedagógicas participativas no processo de criação do conhecimento. No modelo educacional, deve-se reverter "[...] um ambiente de mera reprodução, em que não se dá importância ao diálogo e à participação" (Lostada & Souza, 2016, p. 146).

Neste sentido, a Educomunicação, aparece como um campo de atuação possível nos espaços educativos que ganha cada vez mais visibilidade na sociedade da informação e pressupõe os princípios democráticos e participativos para a formação de sujeitos ativos, potencializando o protagonismo dos estudantes. Diante deste cenário, o educador tem a possibilidade de desenvolver propostas interdisciplinares que envolvem a produção por meio das tecnologias digitais da informação e da comunicação. A vista disso, as

> [...] práticas Pedagógicas Educomunicativas, podem contribuir para que a escola reflita sobre como educar para, com e por meio das diferentes mídias, no que concerne explorar, vivenciar, produzir e (re) criar nas diferentes linguagens midiáticas, oferecendo aos alunos um universo de possibilidades lúdicas, de produção e circulação de sentidos (Schöninger & Sartori & Cardoso, 2016, p. 10).

A interface entre educação e comunicação se estabelece a partir da relação dialógica e participativa entre os estudantes e podem ser mediados pelo educador para a produção e criação de diferentes mídias (rádio, cinema, documentário, computadores e *smartphones* conectados à internet, entre outras ferramentas), necessárias ao desenvolvimento das práticas educativas que colocam os estudantes como protagonistas.

Paulo Freire (1979), em seu legado educacional, já tratava sobre os processos comunicativos horizontais para a conscientização e transformação social e crítica dos sujeitos da sociedade. Logo,

> O diálogo e a problematização não adormecem ninguém. Conscientizam. Na dialogicidade, na problematização, educador e educando vão ambos desenvolvendo uma postura crítica, da qual resulta a percepção de que este conjunto de saber se encontra na interação. Saber que reflete o mundo e os homens, no mundo e com ele, explicando o mundo, mas, sobretudo, tendo de justificar-se na sua transformação (Freire, 1979, p. 62).

Por conseguinte, a prática da relação dialógica em consonância as ações educomunicativas aparecem como possibilidade para a tomada de consciência crítica e emancipatória das crianças e adolescentes para o processo ensino-aprendizagem e para o exercício da cidadania, de forma aberta, interativa e criativa. Roman defende que

> A interface favorece várias percepções com relação à comunicação, como a produção de conteúdos como forma de mobilizar, mas também de garantir espaços de fala, de exposição de ideias, de reflexão sobre o mundo. Para além da ação colaborativa, a produção de conteúdo é mobilizadora e capaz de favorecer a interação com as pessoas e a participação na sociedade (Romão, 2017, p. 134).

Tendo em vista a importância da coletividade e da participação desses sujeitos que podem e devem produzir educomunicação, Schöninger & Sartori & Cardoso (2016) afirmam que o educador deve ter a incumbência de levar em consideração a realidade das crianças e adolescentes sobre os saberes culturais e midiáticos adquiridos em suas próprias vivências, fora dos espaços formais educativos, e sendo assim, devem procurar trazer esses conhecimentos para a sala de aula para que seja uma produção pensada a partir do interesse coletivo dos estudantes.

Uma vez que as práticas educomunicativas partem da realidade do universo das mídias e das culturas das crianças e adolescentes e ao considerá-las como sujeitos ativos, o próprio estudante torna-se protagonista em suas relações ao conduzir os projetos e outras atividades que podem ser desenvolvidas por meio das interações com as mídias eletrônicas, tais como rádio, internet, animações, *podcast*, entre outras.

De acordo com Silva, a educomunicação possibilita que os estudantes saiam da posição de receptores passivos dos conhecimentos transmitidos pelo educador. Ao contrário, o estudante

> [...] produz, atua e contribui para audiência do conteúdo imagético produzido por si mesmo através dos recursos midiáticos, garantindo não apenas sua inserção na discussão do domínio das ferramentas (como condição civilizatória) e apropriação desses espaços, mas também na obtenção de

> saberes que reverberam sua prática e sobremodo no exercício de sua autonomia enquanto atorautor, em suas constantes autossuperações [...] (Silva, 2017, p. 224).

Desse modo, esses sujeitos são capazes de atuarem ativamente nos espaços escolares nos quais se inserem, e o educador, exercendo práticas educomunicativas, evidencia a importância da representatividade que as crianças e adolescentes desempenham nesse processo de criação. Para isso, é importante compreender o uso dos recursos midiáticos, de modo que possibilitem potencializar o protagonismo dos estudantes.

COMO O EDUCADOR PODE POTENCIALIZAR O PROTAGONISMO DOS ESTUDANTES?

O uso dos recursos midiáticos na vida das crianças e dos adolescentes tem proporcionado inúmeras experiências culturais e o desenvolvimento de habilidades fundamentais na sociedade da informação na qual vivemos. Marin reforça essa ideia ao mencionar diversas situações que viabilizam tais experiências.

> [...] propostas dentro e fora da escola, contato com a internet, possibilidade de produção de material jornalístico, criação de jogos e análises de filmes, que jovens e crianças vão se relacionar com a sociedade da informação e ampliar suas referências de comunicação e produção cultural (Marin, 2020, p. 106).

Logo, diante do contexto em que crianças e adolescentes estão imersos atualmente, elas possuem plena capacidade de serem produtoras de conhecimentos. No espaço escolar, o educador deve utilizar dos mecanismos e ferramentas apresentados pela sociedade da informação para evidenciar o estudante no centro do processo ensino-aprendizagem, compreendendo-os e potencializando o protagonismo desses sujeitos.

Para isso é importante que o professor possibilite a integração do currículo escolar com as necessidades educativas dos seus educandos, sendo necessário planejamento e intencionalidade na relação teórico-prática. Para Moran (2014), a aprendizagem é mais significativa quando os estudantes veem sentido nas atividades propostas e quando eles são motivados a participarem ativamente, interagindo uns com os outros e apresentando suas devidas contribuições.

> É na síntese dinâmica da aprendizagem personalizada e colaborativa que desenvolvemos todo o nosso potencial como pessoas e como grupos sociais, ao enriquecer-nos mutuamente com as múltiplas interfaces do diálogo dentro de cada um, alimentando e alimentados pelos diálogos com os diversos grupos nos quais participamos, com a intensa troca de ideias, sentimentos e competências em múltiplos desafios que a vida nos oferece (Moran, 2014, p. 52).

Assim, visando uma aprendizagem baseada na prática dialógica entre educador e educandos, problematizando, discutindo e refletindo as escolhas dos conteúdos que devem ser aprendidos, defende-se neste texto que o professor tenha o papel substancial de curador dos conhecimentos que servirão de apoio na aprendizagem dos estudantes.

De acordo com Sizanosky (2020), antes de apresentar uma proposta de conteúdo para os estudantes, o professor curador deve investigar, selecionar e filtrar as informações com muita cautela e responsabilidade, averiguando a veracidade e a seleção do conteúdo a ser trabalhado. A partir desse processo, o professor curador deve conduzir os estudantes nas pesquisas, dar orientações objetivas e promover o trabalho em equipe, em que todos possuam papéis ativos para a produção de conhecimentos.

A afirmação supracitada está em consonância com o pensamento de Schoch, em que ser professor curador é

> [...] conduzir os alunos aos caminhos da pesquisa, dar orientação clara, promover trabalhos em grupo recheados de propósitos, de preferência com aplicação prática. Sua função agora é selecionar, disponibilizar e orientar o acesso ao conhecimento, com muito zelo e cuidado. Portanto, ele é de fato um CURADOR em educação (Schoch, 2017).

Desse modo, a relação entre o professor curador e a utilização de práticas de educomunicação em sala de aula estão diretamente conectadas, pois possibilita que os estudantes sejam protagonistas da sua própria história. Ao incentivá-los que passem por todo o processo de produção e edição, utilizando o recurso audiovisual escolhido, o professor é considerado um mediador que auxilia nas pesquisas que devem ser previamente realizadas, dá o suporte necessário no processo criativo e no desenvolvimento das produções, favorecendo a aprendizagem e a autonomia de crianças e adolescentes.

Conforme apontado por Sizanosky

> Ao pensar no trabalho com materiais didáticos em sala de aula, o professor curador pesquisa não somente materiais disponíveis na internet, mas como forma de complementar ou esclarecer temas sociais a serem trabalhados, pode explorar o ensino com mídias, utilizando da educomunicação em sala de aula (Sizanosky, 2020, p. 5).

Para que a educomunicação proporcione, de fato, o protagonismo dos estudantes e enriqueça o processo ensino-aprendizagem, é necessário que os professores compreendam as funcionalidades de recursos tecnológicos e midiáticos para que o seu uso pedagógico em sala de aula seja eficaz. Alguns exemplos poderão ser encontrados a seguir.

O USO DO *PODCAST*

O primeiro recurso aqui exposto são os arquivos de áudio em formato digital, denominado *podcast*. Transmitido pela internet e podendo ser utilizado por aplicativos que ofereçam serviços de *streaming* nos *smartphones*, *tablets* e computadores, o *podcast* é uma ferramenta popularmente conhecida como "rádio digital", que proporciona uma experiência de gravação/escuta de temáticas escolhidas pelos sujeitos, a partir de seus interesses. Segundo a Associação Brasileira de Podcast (PodPesquisa Produtor, 2020), a estimativa é que no Brasil, mais de 34,6 milhões são ouvintes de *podcast* e que a tendência do uso desse recurso é de crescimento no país.

Observa-se que a plataforma a ser utilizada, é uma oportunidade para os educadores desenvolverem atividade pedagógicas, no contexto da sala de aula, e para que crianças e adolescentes possam se apropriar do conhecimento, de forma participativa, protagonizando a construção do seu conhecimento. Kellen Bonassoli (2019), curadora do portal Mundo Podcast e criadora do projeto Educasom, afirma que "para os educadores, produzir podcasts pode ser a oportunidade de aproveitar recursos ociosos em sua escola e encantar seus alunos em projetos desafiadores"[3]. Do ponto de vista pedagógico, o professor pode definir a temática a ser desenvolvida junto aos estudantes e auxiliarem no processo da pesquisa por meio do levantamento dos conteúdos. Importa neste momento, uma preparação dos grupos de estudantes para que o material levantado seja compartilhado e forneça elementos para os debates de ideias, seleção do material necessário para a elaboração do

---

3 Texto na íntegra disponível em: https://fundacaotelefonicavivo.org.br/noticias/podcast-como-usar-na-sala-de-aula/.

texto e revisão do conteúdo a ser gravado. Posteriormente, inicia-se o momento de realizar a gravação do *podcast* e, por fim, a edição e sua publicação.

O USO DO JORNAL-ESCOLA

Além do *podcast*, outro recurso educomunicativo é a elaboração do jornal-escola que pode ser desenvolvido pelos estudantes, em parceria com o professor, sobre práticas que fazem parte de suas realidades e do cotidiano escolar. Dentre as possibilidades da utilização de recursos de mídia na escola, seja por meio do jornal impresso, do mural, *on-line* e digital, destaca-se que eles podem ser criados, por exemplo, a partir da produção de atividades, projetos, entrevistas e pesquisas realizadas pelos estudantes, em consonância aos conteúdos curriculares desenvolvidos durante o ano letivo.

Os exemplos supracitados são estabelecidos, a partir de um planejamento pedagógico específico, organizado pelo educador. A compreensão das diferentes etapas do processo produtivo, tais como as reuniões de para a definição de cronograma de entrevistas, de seleção de matérias para o jornal, de organização das colunas, de redação dos editoriais e de edição, é fundamental para que os estudantes conheçam todo o processo e se organizem para alcançar seus objetivos. Todo o planejamento, construído com a participação dos estudantes, revela a importância do papel que eles desempenham no desenvolvimento dessa atividade. Destaca-se ainda, que durante a produção do jornal-escola, as crianças e adolescentes conseguem debater suas ideias, recordar conteúdos estudados e realizar conexões que favorecem, segundo Miranda, Assis e Palmerston (2017), o levantamento de questionamentos e reflexões sobre as dimensões sociais, políticas e históricas que são fundamentais para a formação crítica dos sujeitos.

O USO DO DOCUMENTÁRIO

O uso do recurso midiático documentário na prática educomunicativa compreende a criação de vídeos que apresentem a realidade observada e identificada pelas "lentes" das crianças e adolescentes revelando suas curiosidades e conteúdos que consideram pertinentes de serem abordados. Esse é um importante processo pedagógico que o professor tem para potencializar a aprendizagem de determinado assunto e/ou temática.

Para Villa & Stancki,

> [...] o vídeo-documentário nada mais é que uma maneira de ampliar o conhecimento humano sobre temas antes desconhecidos ou não observados atentamente. Por ser um produto visual, permite que os espectadores fiquem focados nas imagens e sons, oferecendo uma experiência sensorial que são organizadas para que possam representar algo mais do que impressões. O vídeo permite que uma maio reflexão seja realizada, já que consegue abordar de maneira completa o tema exposto (Villa & Stancki, 2017, p. 598).

O uso do documentário é interessante porque possibilita uma atuação ativa dos estudantes e viabiliza o protagonismo delas, pois estarão centradas em todo o processo de produção. De acordo com Moraes, as crianças e adolescentes "[...] são protagonistas em diferentes sentidos: quando são filmados e aparecem nos filmes, quando estabelecem os roteiros, as cenas, os temas e problemas que são abordados pelos vídeos" (Moraes, 2017, p. 139). Para a autora, o vídeo-documentário proporciona a contemplação da diversidade de representações sociais e culturais que constantemente são apresentados de forma hegemônica nas mídias sociais. Ou seja, existe a possibilidade de acessar não somente os conteúdos prontos e disponibilizados na televisão e na internet, mas sobretudo, de valorizar o processo de produção realizado por grupos diversos e que compõem diferentes realidades da sociedade.

Dessa maneira, o uso do documentário é pertinente na educomunicação e pode ser aliado para desenvolvimento de conteúdos propostos na unidade curricular, de modo interativo e criativo, promovendo espaços de aprendizagem mais abertos e democráticos.

O USO DE ANIMAÇÕES

Os filmes de animações fazem parte da realidade cotidiana das crianças e adolescentes e quando utilizados no contexto da prática educativa apresentam possibilidades para o educador trabalhá-las com os conteúdos de maneira singular, atraente e divertida. Todavia, proporcionar aos estudantes a criação do recurso audiovisual por meio das animações, certamente, potencializa ainda mais o processo ensino-aprendizagem e o protagonismo de cada um deles.

O desenvolvimento da produção das animações acontece em estágios que percorrem desde a criação do roteiro, por meio dos conceitos do *storytelling*[4], até a escolha ou a composição dos personagens e dos temas para a sua formação. Todo esse processo pode ser explorado pelo educador por meio do trabalho coletivo, de discussões acerca da unidade temática do currículo, ampliando as percepções dos estudantes e oferecendo-lhes variadas alternativas para a criação do conhecimento.

Rimoli (2017) evidencia que o uso das animações permite a comunicação entre os grupos, promovem a diversidade cultural, aprimoram as capacidades de produção criativa e levam a reflexão, obtida mediante o processo dialógico. O uso de animação é um recurso educomunicativo e uma estratégia pedagógica diferente a ser explorada pelo educador que pretende proporcionar aos estudantes um recurso atualmente indispensável ao processo ensino-aprendizagem.

CONSIDERAÇÕES FINAIS

A Educação e a Comunicação, historicamente divididas em campos divergentes, assumem, juntas, um novo campo de intervenção social: a Educomunicação. Esta inter-relação, embasada pelos conceitos de Freinet e Paulo Freire, é marcada pela interdiscursividade, pelo diálogo, pela expressividade dos sujeitos e pela construção de um posicionamento crítico, diante dos meios de comunicação. Volta-se para a construção de ecossistemas comunicativos, abertos, inclusivos, criativos e democráticos, existentes em ambientes virtuais ou presenciais dos espaços educativos.

Compreendendo os educandos como sujeitos de direitos e produtores de conhecimento, a Educomunicação se alinha com o Estatuto da Criança e do Adolescente (ECA) e com a Lei de Diretrizes e Bases da Educação Nacional (LDBEN), quando reconhece o papel deles como cidadãos.

A Educomunicação também potencializa o protagonismo dos estudantes, tendo em vista seus princípios democráticos e participativos. O educador ao lançar mão de práticas educomunicativas que, aliadas

4 Entende-se storytelling como "a arte de contar histórias", devendo ser criada a partir de um enredo da narrativa e seguindo uma estruturação baseada na partida, posteriormente na iniciação, e por fim, o retorno, de acordo com a cartilha sobre - comunicação criativa storytelling para negócio - disponibilizada em 2020 pelo SEBRAE.

à propostas interdisciplinares voltadas para a produção por meio das tecnologias da informação e da comunicação, assume que os estudantes são sujeitos ativos e protagonistas, capazes de desenvolverem projetos interessantes e surpreendentes. Com a condução dos educadores, os projetos podem integrar conteúdos curriculares e mídias digitais de forma substantiva e alcançar os objetivos de aprendizagem.

O *podcast*, o jornal-escola, o documentário e as animações são alguns exemplos de mídias que, para além de uma função meramente técnica e instrumental, apresentam um grande potencial para a prática educomunicativa. Vale destacar que a integração da prática pedagógica à prática educomunicativa, os estudantes são retirados da posição de consumidores passivos de conteúdos e conduzidos a um processo ativo que os despertem para serem sujeitos protagonistas, críticos que sabem utilizar os meios de comunicação e informação de forma assertiva e ética.

Com esse pressuposto em mente, a educação para, com e por intermédio do uso de mídias pode suscitar transformações nas experiências de professores e estudantes e despertar formas inovadoras de práticas pedagógicas utilizadas na escola.

REFERÊNCIAS

Alves, P. H. (2007). *Educom.rádio um política pública em Educomunicação.* Universidade de São Paulo.

Amorim, D. C. (2017). *A doutrina de proteção integral de crianças e adolescentes nas políticas sociais: a realidade de Chapecó.* Universidade Federal de Santa Catarina.

Barbero, J.-M. (2014). *A comunicação na educação.* Contexto.

Bonassoli, K. (2019). *Portal Mundo Podcast.* Disponível em: https://mundopodcast.com.br/ Acesso em: 17 out 2021.

BRASIL. (1990). *Lei n. 8.069, de 13 de julho de 1990. Dispõe sobre o Estatuto da Criança e do Adolescente e dá outras providências.*

BRASIL. (1996). *Lei n. 9.394, de 20 de dezembro de 1996. Estabelece as diretrizes e bases da educação nacional.*

de Menezes, M. G., & Santiago, M. E. (2014). Contribuição do pensamento de Paulo Freire para o paradigma curricular crítico-emancipatório. *Pro-Posições*, 25(3), 45–62.

de Moraes, C. H. (2017). Vídeo Entre-linhas: Educomunicação como Base do Protagonismo Jovem. In I. de Oliveira Soares, C. E. Viana, & J. B. Xavier (Eds.), *Educomunicação e suas áreas de intervenção: Novos paradigmas para o diá-*

logo intercultural (pp. 139–145). Associação Brasileira de Pesquisadores e Profissionais em Educomunicação.

de Podcasters, A. B. (2020). *PodPesquisa Produtor*. Disponível em: https://abpod.org/ Acesso em: 08 fev 2021.

de São Paulo, P. D. O. M. (2004). *Lei n. 13.941 de 28 de dezembro de 2004. Institui o Programa EDUCOM-Educomunicação pelas ondas do rádio, no Município de São Paulo, e dá outras providências.*

de São Paulo, P. D. O. M. (2005). *Decreto n. 46.211 de 15 de agosto de 2005. Regulamenta o Programa EDUCOM - Educomunicação pelas ondas do rádio, instituído no Município de São Paulo pela Lei n° 13.941, de 28 de dezembro de 2004.*

Freire, P. (1979a). *Extensão ou Comunicação?* Paz e Terra.

Freire, P. (1979b). *Extensión o Comunicación? La concientizacion en El médio rural.* Paz e Terra.

Freire, P. (1985). *The politics of education: culture, power, and liberation*. Bergin and Garvey.

Freire, P. (1987). *Pedagogia do Oprimido*. Paz e Terra.

Gomes, G. O. (1990). La TV educa, pero los niños sí aprenden de ella. *Revista Umbral XXI*.

Huergo, J. (2001). La popularización de la ciencia y la tecnología: interpelaciones desde la comunicación. *Seminario Latinoamericano Estrategias Para La Formación de Popularizadores En Ciencia y Tecnología*.

Kaplún, G. (2002). Contenidos, itinerarios y juegos: Tres ejes para el análisis y la construcción de mensajes educativos. *VI Congreso Da Asociación Latinoamericana de Investigadores de La Comunicación*.

Kaplun, M. (1999). Processos educativos e canais de comunicação. *Comunicação & Educação, 14*, 68–75.

Lopes, M. F. (2019). *A dimensão sensível da educomunicação: a contribuição da experiência estética ao campo de interface entre comunicação e educação no Brasil*. Universidade Estadual Paulista Júlio Mesquita Filho.

Lostada, L. R., & de Souza, E. G. (2016). Educomunicação e protagonismo juvenil: um novo olhar para a educação. *Interfaces Da Educação*, *7*(20), 140–158.

Marin, L. C. P. (2020). Protagonismo infantil na internet e o lugar da escola: análise de dados da pesquisa TIC Kids Online Brasil 2016. In C. E. Viana, J. P. S. Medeiros, & M. M. Pereira (Eds.), *Cultura Infantojuvenil na Perspectiva da Educomunicação: Do uso das mídias à expressão criativa de crianças e jovens na sociedade brasileira contemporânea* (pp. 103–116). Associação Brasileira de Pesquisadores e Profissionais em Educomunicação.

Marques, F. T., & Talarico, B. S. L. (2016). Da Comunicação Popular à Educomunicação: reflexões no campo da "Educação como Cultura." *Atos de Pesquisa Em Educação, 11*(2), 422–443.

Miranda, G. L., Assis, L. M. do C. de, & Palmerston, V. B. (n.d.). *Leitura Crítica da Mídia e Produção de Jornal como Processo Educacional para Elevar a Autoestima DE Jovens em região de risco em BH.*

Moran, J. (2014). Autonomia e colaboração em um mundo digital. *Revista Educatrix*, *7*, 52–37.

Podcast: como usar na sala de aula? (2019, Spring 7). Fundação Telefônica Vivo. https://fundacaotelefonicavivo.org.br/noticias/podcast-como-usar-na-sala-de-aula/

Próspero, D. (2013). *Educomunicação e Políticas Públicas: os desafios e as contribuições para o Programa Mais Educação*. Universidade de São Paulo.

Ribeiro, R. (2015). *A Escola é cidade : a cidade é escola : a educomunicação aplicada à arte*. Choque Cultural.

Rimoli, A. P. C. (2017). A Infância como Produtora de Audiovisual:Conexões Educomunicativas Internacionais. In I. de Oliveira Soares, C. E. Viana, & J. B. Xavier (Eds.), *Educomunicação e suas áreas de intervenção: Novos paradigmas para o diálogo intercultural* (pp. 197–205). ABPEducom.

Romão, L. (2017). Educomunicação e Participação Cidadãde Adolescentes e Jovens no Brasil. In C. E. V. e. J. B. X. Ismar de Oliveira Soares (Ed.), *Educomunicação e suas áreas de intervenção: Novos paradigmas para o diálogo intercultural* (pp. 130–138). ABPEducom.

Sarmento, M. J. (2005). Gerações e Alteridade: interrogações a partir da sociologia da infância. *Revista Educação & Sociedade*, *26*(91), 361–378.

Schoch, A. (2017). *O que significa ser um curador em educação?*

Schöninger, R. R. Z., Sartori, A. S., & Cardoso, F. L. (2016). Educomunicação e Prática Pedagógica Educomunicativa: uma revisão sistemática. *Cad. Pes*, *23*(1).

Schöninger, R. R. Z. V., Sartori, A. S., & Cardoso, F. L. (2016). Educomunicação e Prática Pedagógica Educomunicativa: uma revisão sistemática. *Cad. Pes.*, , *23*(1).

Silva, E. R. S. da. (2017). O Renascimento da Infância a Partir da Educomunicação. In *Educomunicação e suas áreas de intervenção: novos paradigmas para o diálogo intercultural* (pp. 217–224).

Sizanosky, L. H. de S. N. (2020). CURADORIA EDUCACIONAL. *CONEDU - VII Congresso Nacional de Educação. Centro Cultural de Exposições Ruth Cardoso.* https://editorarealize.com.br/editora/anais/conedu/2020/TRABALHO_EV140_MD1_SA1_ID3443_30092020211651.pdf

Soares, I. de O. (1998). *Comunicação/Educação emergência de um novo campo e o perfil de seus profissionais*. Núcleo de Comunicação e Educação da Universidade de São Paulo.

Soares, I. de O. (1999). Comunicação/Educação: A emergência de um novo campo e o perfil de seus profissionais. *Revista Contato*, 2, 19–74.

Soares, I. de O. (2000). Educomunicação: um campo de mediações. *Comunicação & Educação*, *19*, 12–24.

Soares, I. de O. (2002). Gestão comunicativa e educação: caminhos da educomunicação. *Comunicação & Educação*, 23, 16–25.

Soares, I. de O. (2016). *Inovação na gestão e nas práticas pedagógicas: a contribuição da Educomunicação para a renovação da base curricular nacional'*. https://edisciplinas.usp.br/mod/resource/view.php?id=2540464&forceview=1

Soares, I. de O. (org). (2003). *Cadernos de educomunicação 1: caminhos da educomunicação*. Editora Salesiana.

Tavares Junior, R. (2007). *Educomunicação e expressão comunicativa: a produção radiofônica de crianças e jovens no projeto educom.rádio*. Universidade de São Paulo.

Tavares Junior, R., & Soares, I. de O. (1998). *Comunicação/Educação emergência de um novo campo e o perfil de seus profissionais*. Núcleo de Comunicação e Educação da Universidade de São Paulo.

Villa, M. de F., & Stancki, R. (2017). Como um vídeo-documentário jornalístico pode ter dimensões educacionais. *Caderno de Artigos Científicos*, 3(2). https://portaldeperiodicos.unibrasil.com.br/index.php/anaisevinci/article/view/3423

Xavier, J. B. (org). (2017). *Educomunicação e suas áreas de intervenção: novos paradigmas para o diálogo intercultural*. Educom.

DIÁLOGOS DA EDUCAÇÃO INFANTIL COM O CURRÍCULO E AS TECNOLOGIAS DIGITAIS: O QUE APRENDEMOS URANTE A PANDEMIA?

Vitor Fiuza Rocha

Fernanda Câmpera Clímaco

INTRODUÇÃO

As discussões em torno do currículo e suas teorias sempre se fizeram presentes no campo de estudos educacionais e ainda hoje é um campo de disputas (Arroyo, 2013). A teoria de currículo é o cerne da educação, tem grande legitimidade e visibilidade e pode-se dizer que "de certa forma, todas as teorias pedagógicas e educacionais são *também* teorias sobre o currículo" (Silva, 2016, p. 21), a exemplo disso, temos a *Didactica magna* de Comenius que, não diretamente, buscou maneiras de organizar os conhecimentos e até mesmo pensar sobre o que ensinar (Silva, 2016).

Todavia a utilização do termo currículo como compreendemos hoje, no contexto de estudos em educação, só veio a ser utilizada por influência da literatura educacional americana. Segundo Silva (2016), as circunstâncias ligadas à institucionalização da educação de massas, talvez, foi o mote para o surgimento do campo de estudos do currículo, enquanto um campo especializado, nos Estados Unidos. A partir dessa legitimação surgem obras e teóricos, de diferentes linhas, dissertando sobre as teorias de currículo, e, de certa forma, apresentando uma reação ao currículo clássico, o currículo baseado nas "artes liberais". Desses teóricos, pode-se citar: Dewey (1902), Bobbitt (1918) e Tyler (1949).

Os três autores supracitados são contemporâneos, todos produziram suas obras no fim do século XX, entretanto suas linhas teóricas de estudo não são as mesmas. Dewey adota uma perspectiva progressista, o teórico entende como necessário ouvir as crianças e compreender suas experiências para que essas sejam parte do planejamento curricular. Bobbitt e Tyler adotam uma perspectiva tecnicista, ou seja, tem um olhar voltado para a eficiência, um viés direcionado para a economia.

Quando se faz um recorte para a perspectiva curricular e normativa educacional brasileira, temos a Constituição Federal de 1988 e a Lei de Diretrizes e Bases da Educação Nacional (LDBEN) de 1996 enquanto os principais elementos da legislação brasileira para a educação. A Constituição Federal é a carta magna que reconhece a educação enquanto um setor do país, ou seja, a educação é legalmente responsabilidade do Estado. Encontra-se esse tópico na legislação em seu capítulo III, seção I, artigos 205 a 214. Também na Constituição Federal encontramos artigos que tratam da qualidade da educação a ser oferecida pelas escolas, assim como os deveres do Estado para com a educação. (Santos, 2012).

Já a LDBEN de 1996 é o maior documento de política pública educacional do Brasil, visto que "sua estrutura define as relações, os acordos e os conflitos que podem se desenrolar no âmbito da educação brasileira" (Santos, 2012, p. 25). Esse documento possui 9 títulos e 92 artigos que têm algumas de suas redações modificadas para atender às necessidades educativas hodiernas. Ressaltamos que a LDBEN dialoga em diversos artigos com a Constituição Federal, a exemplo disso, temos os artigos 2 e 3 do Título II - Dos Princípios e Fins da Educação Nacional que, segundo Santos (2012), "ambos os artigos deste título têm grande afinidade com a CF/1988, sendo claramente dois elementos que servem como elo entre a Constituição e a LDB" (Santos, 2012, p. 26).

Quando tratamos da normatização pedagógica da política educacional brasileira versamos acerca dos Parâmetros Curriculares Nacionais (PCN's), das Diretrizes Curriculares Nacionais (DCN's), dos Referenciais Curriculares Nacionais para a Educação Infantil (RCNEI), das Diretrizes Curriculares Nacionais para a Educação Infantil (DCNEI) e, por fim, da Base Nacional Comum Curricular (BNCC).

Esses documentos normativos supracitados "representam uma política regulatória, a qual atinge as escolas e os sistemas de ensino por meio da regulamentação da dimensão pedagógica" (Santos, 2012, p. 52). Todos esses documentos foram construídos fundamentados na premissa legal apresentada no artigo 9 da LDBEN que expõe que o Estado deve instituir "currículos mínimos" para a educação em seus diversos níveis e modalidades (Santos, 2012).

No presente artigo visamos dialogar essas perspectivas legais, normativas e curriculares, que interessam à Educação Infantil, com o uso das Tecnologias Digitais da Informação e da Comunicação (TDICs) como mediadoras do processo ensino-aprendizagem desses educandos.

CURRÍCULO DA INFÂNCIA

Historicamente, as sociedades geraram uma crescente necessidade de "especialização" dos saberes o que refletiu na educação em uma forma de organizar os conhecimentos compartimentados, separados por áreas e disciplinas, na maioria das vezes, isoladas entre si (Moraes, 2003). Essa fragmentação dos saberes, durante muito tempo fez e ainda faz parte da cultura escolar. No sentido de ampliar a discussão, em sua crítica ao currículo, Fourquin (1999) argumenta que este é um

> [...] conjunto de conteúdos cognitivos e simbólicos que selecionados, organizados, normalizados, rotinizados, sob o efeito de imperativos de didatização, constitui habitualmente o objeto de uma transmissão deliberada no contexto das escolas (Fourquin, 1999, p. 167).

Nesse sentido, de acordo com o autor, essa organização curricular imposta desfavorece o trabalho de reordenação e reestruturação para tornar os conteúdos assimiláveis pelos alunos. Essa organização, muitas vezes, é feita por profissionais especialistas e não conta com a participação de professores, alunos e comunidade. De acordo com Moraes (2003), essa forma de organização gera um tipo de saber, também fragmentado. Em contrapartida, já existem em nossa sociedade movimentos de estudiosos e profissionais que buscam superar esse modelo curricular tecendo propostas que dialogam com demandas atuais, que visam integração, interdisciplinaridade e aprendizagem em redes.

Quando se obedece somente às prescrições políticas, corre-se o risco de homogeneizar e engessar processos criativos, deformando a ideia que se traz de um currículo aberto, interdisciplinar e crítico. Conforme afirma Gadotti (2007) é preciso enxergar além do que está posto. No Brasil, a realidade é muito diferente, pois a alienação social e o descompromisso diante da educação são fatos lastimáveis.

Conforme disposto no documento Indagações sobre o Currículo MEC (Fernandes, 2007, p. 9),

> é fundamental desenvolver a consciência de que os currículos são conteúdos não prontos a serem passados para os alunos. São uma construção e seleção de conhecimentos e práticas produzidas em contextos concretos e em dinâmicas sociais, políticas e culturais intelectuais e pedagógicas. Conhecimentos e práticas expostos às novas dinâmicas e reinterpretados a cada contexto histórico.

Baseados nessas concepções, que compreendem o currículo como uma construção coletiva, a escola de Educação Infantil pode oferecer espaço, tempo e situações educativas que favoreçam essa aprendizagem de maneira contextualizada, fundamentada e afetiva, de forma que requer a criação de um currículo apropriado para essa faixa etária.

Para efeito das Diretrizes Curriculares Nacionais da Educação Infantil (DCNEI), é adotada a definição de currículo como

> um conjunto de práticas que buscam articular experiências e os saberes das crianças com os conhecimentos que fazem parte do patrimônio cultural, artístico, ambiental, científico e tecnológico, de modo a promover o desenvolvimento integral de crianças de zero a cinco anos de idade (Brasil, 2010, p.12).

Tal concepção vai ao encontro de autores como Vygotsky (2002) quando acrescenta que o que a criança necessita na escola, além de uma interação compartilhada com os adultos, é de oportunidades que auxiliem na construção de novos conceitos e aprendizagens, sejam elas dadas pelo professor, por outras crianças e/ou pelas relações que se dão a partir daí. Para Vygotsky,

> Desde os primeiros dias do desenvolvimento da criança, suas atividades adquirem um significado próprio num sistema de comportamento social e, sendo dirigidas a objetivos definidos, são refratadas através do prisma do ambiente da criança. O caminho do objeto até a criança e desta até o objeto passa através de outra pessoa. Essa estrutura humana complexa é o produto de um processo de desenvolvimento profundamente enraizado nas ligações entre história individual e história social (Vygotsky, 2002, p. 54).

Nesse sentido, conforme o referido autor, o percurso do desenvolvimento humano se dá também "de fora para dentro" e é marcado pela inserção do sujeito em determinado grupo sociocultural. Há múltiplas interações no processo de elaboração conceitual infantil, e a escola ao adotar um currículo que tenha como foco a criança e seu desenvolvimento como um todo, adquire oportunidade de repensar sua postura. Dessa maneira, entende-se que pode e deve-se sempre utilizar novas estratégias, instrumentos e outras formas de mediação nessa complexa relação que as crianças estabelecem na construção de suas aprendizagens.

Partimos do pressuposto, que inovar a escola é papel dos professores, de toda a comunidade, daqueles que vivenciam o currículo escolar e não somente daqueles que pensam a educação sem nunca ter posto os pés dentro das escolas. John Dewey (1902) defendeu durante toda sua trajetória que a escola não poderia ser um instrumento de adequação das pessoas ao mundo existente, como proposto pelos currículos elaborados por especialistas, não pertencentes à comunidade. As ideias de Dewey nos fazem refletir sobre que tipo de escola queremos e que papel social a escola democrática, ativa, tem para a esperança de uma mudança social e de um mundo democrático e justo.

UM CURRÍCULO PARA OS PEQUENOS

Diante dessa e de tantas questões, uma política de Educação Infantil que começa a ser implementada no Brasil a partir da década de 90 indica uma organização curricular que atenda, ao mesmo tempo, a legislação educacional, o currículo oficial e o currículo vivido pelas crianças de 0 a 5 anos, resguardando as devidas especificidades etárias. A Educação Infantil traça seus caminhos em direção a uma concepção mais crítica de sua existência na sociedade. A constituição desse segmento educativo deve implicar a adoção de novas formas de organização escolar, viabilidade de projetos específicos para a infância e propostas de formação de professores. Mas somente isso não basta. Faz-se necessária a elaboração de um processo de compreensão sobre o espaço da Educação Infantil como direito legítimo das crianças e, dessa maneira, assegurar seu lugar no cenário das políticas públicas educacionais.

A legislação nacional, nas últimas décadas, tem contemplado a Educação Infantil, a partir da promulgação da Constituição Federal de 1988 (Art. 208, inciso IV), na importante aprovação da Lei das Diretrizes e Bases da Educação Nacional (Lei nº. 9.394/96), no Referencial Curricular Nacional de Educação Infantil (BRASIL, 1998), nas Diretrizes Curriculares Nacionais para a Educação Infantil (BRASIL, 2010), no Plano Nacional de Educação (PNE)[1], e da Base Nacional Comum Curricular (BRASIL, 2017).

---

1 O Plano Nacional de Educação (PNE) determina diretrizes, metas e estratégias para a política educacional dos próximos 10 anos (2014 a 2024). O primeiro grupo são metas estruturantes para a garantia do direito à educação básica com qualidade e que assim promovam a garantia do acesso, à universalização do ensino obrigatório e a ampliação das oportunidades educacionais. Um segundo grupo de metas corresponde especificamente à redução das desigualdades e à valorização das diversidades, caminhos imprescindíveis para a equidade. O terceiro bloco de metas trata da valorização dos profissionais da educação, considerada estratégica para que as metas anteriores sejam atingidas e o quarto grupo de metas refere-se ao ensino superior. Disponível em http://pne.mec.gov.br/18-planos-subnacionais-de-educacao/543-plano-nacional-de-educacao-lei-n-13-005-2014 Acesso em julho 2020.

Figura 1 - Linha do Tempo das Normativas Oficiais reguladoras da Educação Infantil no Brasil

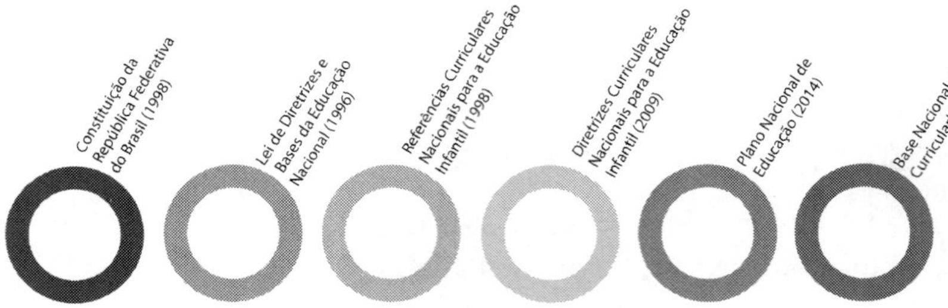

Fonte: Elaborado pelos autores (2020).

Nestes documentos, a Educação Infantil vem sendo considerada um dos instrumentos necessários para dar início a uma educação de qualidade e ao processo ensino-aprendizagem dos bebês e das crianças pequenas. Neste texto, vamos no ater aos RCNEI, DCNEI e BNCC para compreender as semelhanças e diferenças em cada documento.

REFERENCIAIS CURRICULARES NACIONAIS PARA A EDUCAÇÃO INFANTIL

O documento Referencial Curricular para a Educação Infantil (RCNEI), de 1998 foi uma grande conquista, pois apresentou pela primeira vez, uma orientação didática de conteúdos e objetivos de aprendizagem para as instituições da infância.

O RCNEI integra a série de documentos dos Parâmetros Curriculares Nacionais que foram elaborados pelo Ministério da Educação. Seu principal objetivo foi oferecer apoio a professores e trabalhadores da Educação Infantil a realizar seu trabalho com crianças pequenas atendendo as determinações da LDBEN, que estabelece, pela primeira vez na história do país, a Educação Infantil como primeira etapa da educação básica.

Neste sentido, há a necessidade de verificar se é possível considerar um avanço para o segmento a existência de um documento que se diz voltado especificamente para a Educação Infantil. É preciso averiguar até que ponto ele efetivamente garante a especificidade exigida pelos educadores da área para o trabalho a ser realizado com crianças de 0 a 5 anos.

O RCNEI apresenta a seguinte organização, em três volumes:

- "Introdução": este volume apresenta uma reflexão sobre as creches e pré-escolas no Brasil, situando e fundamentando as concepções de criança, de educação, de instituição e de profissional, que foram utilizadas para definir os objetivos gerais da Educação Infantil. Essas concepções orientaram a organização dos documentos de eixos de trabalho que estão agrupados em dois volumes relacionados aos seguintes âmbitos de experiência: Formação Pessoal e Social e Conhecimento de Mundo.
- Volume 2 - Formação Pessoal e Social: este volume contém o eixo de trabalho que favorece, prioritariamente, os processos de construção da identidade e autonomia das crianças.
- Volume 3 - Conhecimento de Mundo: este volume contém seis documentos referentes aos eixos de trabalho orientados para a construção dos diferentes conhecimentos fundamentais para o desenvolvimento das crianças, e para as relações que elas estabelecem com os saberes: Movimento, Música, Artes Visuais, Linguagem Oral e Escrita, Natureza e Sociedade e Matemática.

Essa organização do RCNEI possui caráter instrumental e didático, devendo os professores terem consciência, em sua prática educativa, que a construção de conhecimentos se processa de maneira integrada e global e que há interrelações entre os diferentes eixos sugeridos a serem trabalhados com as crianças. Nessa perspectiva, o Referencial é um guia de orientação que deverá servir de base para discussões entre profissionais de um mesmo sistema de ensino ou no interior da escola, na elaboração de projetos educativos singulares e diversos.

Não podemos negar os avanços na área da educação da infância com a elaboração do RCNEI, em 1998, mas, nas palavras de Carvalho (2003), podemos perceber uma crítica em relação ao documento:

> Embora tenham [RCNEI] sidos concebidos como avanços na área específica, por produzir textos que poderiam ser utilizados como suporte para o diálogo [...] os Referenciais Curriculares se apresentam de uma forma conturbada, como um manual que deve ser seguido à risca, desconsiderando-se totalmente a riqueza oriunda de experiência, da autoridade da cultura original (Carvalho, 2003, p.79).

A crítica mais forte ao RCNEI, de acordo com Cerizara (2000), se deu ao fato do documento não ter tido a participação desejada dos atores sociais em sua elaboração. Em contrapartida, este foi, sem dúvida, um importante marco nos processos constituintes da Educação Infantil no país. Dessa maneira, as crianças foram reconhecidas em seu espaço, como local de aprendizagens planejadas, com um currículo próprio e com profissionais preparados para executar as práticas educativas para a infância.

DIRETRIZES CURRICULARES NACIONAIS PARA A EDUCAÇÃO INFANTIL

A Resolução n. 1 de 1999 foi a primeira a instituir as Diretrizes Curriculares Nacionais para a Educação Infantil (DCNEI)[2]. Posteriormente e ainda em vigência temos a Resolução n. 5 de 2010, a qual comporta as principais definições de Educação Infantil, criança, currículo e proposta pedagógica. Desde então, as DCNEI (Brasil, 2010) são apontadas como um documento indicativo da criança como foco da ação educativa nas escolas, e seu direito aos conhecimentos do patrimônio científico, cultural, artístico e tecnológico, assim como a integração a natureza e as práticas cotidianas, respeitando o modo como a criança habita o mundo.

As DCNEI trazem como eixos estruturantes as interações e brincadeiras e definem os fundamentos norteadores que as propostas pedagógicas das escolas de Educação Infantil devem respeitar.

As DCNEI possibilitam a promoção de um currículo que rompa com o assistencialismo, distancie-se da escolarização e seja promotor das relações das crianças com seus pares, consigo mesmas, com os adultos e com o mundo que as cercam. Diante desse ponto de vista, nas DCNEI, conceitos como: aula, aluno, ensino e conteúdos são extirpados do campo léxico curricular da Educação Infantil por estudiosos da Sociologia da Infância e das Pedagogias *Reggianas* por serem entendidos como conceitos próprios de uma concepção escolarizante da infância. Do mesmo modo, pesquisadores como Kramer (2009), Barbosa (2009), dentre outros, que compõem a comunidade epistêmica da área, preocupam-se com a reprodução das práticas do Ensino Fundamental na Educação Infantil.

---

2 Revisão das Diretrizes Curriculares Nacionais para a Educação Infantil, como parte do documento Nacional para a Educação Básica Disponível em: http://portal.mec.gov.br/index.php?option=com_docman&view=download&alias=15548-d-c-n--educacao-basica-nova-pdf&Itemid=30192 Acesso em julho2020.

Diante de tudo isso, outra importante contribuição é o marco conceitual entre cuidar e educar, que a seguir, em 2017, a BNCC revalida e reforça. Assim, as Diretrizes Curriculares Nacionais para Educação Infantil apresentam objetivos gerais, sem ir ao detalhe da ação como o RCNEI, incentivando e orientando projetos educacionais e pedagógicos. Com objetivos relacionados à formação integral da criança, o documento deixa um espaço para que os envolvidos na Educação Infantil assumam a autoria dos projetos.

BASE NACIONAL COMUM CURRICULAR

A Base Nacional Comum Curricular[3] já estava prevista na Constituição Federal, na LDBEN e no PNE. A Constituição Federal de 1988 menciona a exigência de "conteúdos mínimos para o ensino fundamental, de maneira a assegurar formação básica comum" (Brasil, 1988); e a LDBEN determinou que "os currículos da educação infantil, do ensino fundamental e do ensino médio devem ter base nacional comum" (Brasil, 1996).

Desde a aprovação do Plano Nacional de Educação (2014/2024), o Ministério da Educação convocou pesquisadores, formadores de professores e representantes de associações como a União Nacional dos Dirigentes Municipais de Educação (Undime) e a Associação Nacional de Pós-Graduação e Pesquisa em Educação (Anped) para a construção de um referencial nacional que responda a essa demanda de uma base comum.

O PNE determinou que até junho de 2016, a BNCC fosse encaminhada ao Conselho Nacional de Educação (CNE). Em setembro de 2015 a versão preliminar da BNCC foi aberta a consulta pública, em que todos os cidadãos e instituições puderam opinar por meio de uma plataforma digital. Muitos órgãos e entidades enviaram suas contribuições para a elaboração do documento. Após muitas críticas, mudanças de governos e alterações no texto, sua homologação ocorre em 2017 e passa a ser uma referência legal em todo o país.

Considerando que vivemos em uma Sociedade da Informação, conforme denominado por Castells (1999), faz-se importante observar uma das 10 competências gerais da BNCC: a competência 5, que indica

3 Disponível em http://basenacionalcomum.mec.gov.br/implementacao/praticas/caderno-de-praticas/educacao-infantil/ Acesso em julho 2020.

a compreensão e utilização de tecnologias digitais de forma crítica, significativa e ética, desde a infância. Conforme indica o documento, essa competência implica em

> Compreender, utilizar e criar tecnologias digitais de informação e comunicação de forma crítica, significativa, reflexiva e ética nas diversas práticas sociais (incluindo as escolares) para se comunicar, acessar e disseminar informações, produzir conhecimentos, resolver problemas e exercer protagonismo e autoria na vida pessoal e coletiva (Brasil, 2017, p. 9).

É necessário apontar que as Competências Gerais permanecem as mesmas da Educação Infantil ao Ensino Médio e há uma progressão ao longo de cada uma dessas etapas para adequarem-se às particularidades de cada fase do desenvolvimento durante a educação básica.

BNCC E A EDUCAÇÃO INFANTIL

No que diz respeito à Educação Infantil, há apresentação de uma organização singular dentro da Base Nacional Comum Curricular. Ampliando e ressignificando as DCNEI, a BNCC se constitui como uma política do Estado, ao tornar-se documento normativo que indica uma mudança histórica, muito relevante na Educação Infantil do nosso país, porque, pela primeira vez, um documento apresenta uma proposta de estrutura curricular que organiza os direitos e objetivos de aprendizagem por meio dos Campos de Experiências, garantindo a todas as crianças, desde bebês, o direito de aprender.

As DCNEI, em seu artigo 4º, definem a criança como

> sujeito histórico e de direitos, que, nas interações, relações e práticas cotidianas que vivencia, constrói sua identidade pessoal e coletiva, brinca, imagina, fantasia, deseja, aprende, observa, experimenta, narra, questiona e constrói sentidos sobre a natureza e a sociedade, produzindo cultura (Brasil, 2010).

A BNCC reafirma essas e outras concepções das DCNEI em sua proposta. O documento também inova ao reconhecer a Educação Infantil, primeira etapa da Educação Básica, como estruturante para a construção da identidade e da subjetividade da criança, incluindo nos campos etários, os bebês (0 a 18 meses) e as crianças bem pequenas (1 ano e 7 meses a 3 anos e 11 meses).

Entende-se que a criança precisa de tempos, espaços, brincadeiras e interações para pensar sobre o mundo em que habita, observar, criar hipóteses, construir narrativas e expressá-las por meio das múltiplas linguagens. A sistematização e formalização dessas aprendizagens, só devem acontecer na etapa do Ensino Fundamental. Diante disso, compreende-se a Educação Infantil e suas especificidades com um fim em si e não como etapa preparatória para o Ensino Fundamental. Na Educação Infantil, a BNCC tem uma organização diferenciada dos formatos presentes no Ensino Fundamental e Médio. Há a definição de Direitos de Aprendizagem e os Campos de Experiências. A figura 2 apresenta a estrutura proposta pela base para a Educação Infantil.

Figura 2 - Currículo da Educação Infantil

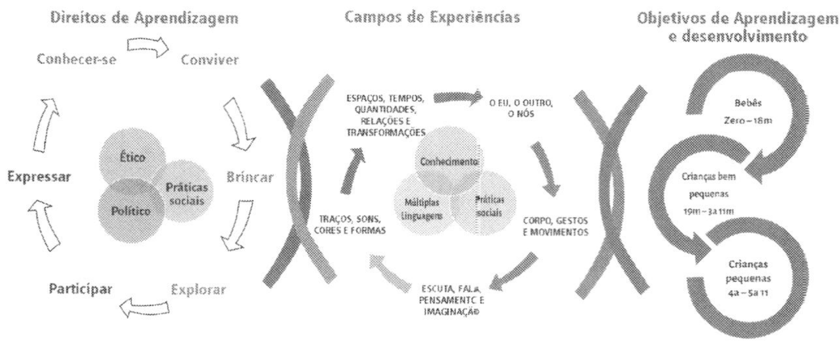

Fonte: (Brasil, 2017).

A figura 2 mostra que, como fruto das discussões de muitos documentos legais, entre eles as DCNEI, o avanço apresentado pela BNCC está na articulação entre os Direitos de Aprendizagem, os Campos de Experiências e os Objetivos de Aprendizagem e Desenvolvimento, pelo fato de desconstruir a lógica de disciplinas ou áreas separadas, o que não é adequado para essa etapa. Contudo, é necessário ter em mente que o que existe é uma articulação, uma intercomplementariedade entre os campos. Ao se pensar em propostas para as crianças pequenas, a garantia dos Direitos de Aprendizagem e Desenvolvimento estão em primeiro lugar e devem ser articuladas com os Campos de Experiências (Brasil, 2017). Dessa maneira, entende-se que há um grande movimento de mudanças por vir.

Tendo em vista essa centralidade, a BNCC adotou objetivos específicos de aprendizagem, organizados por faixa etária. Esses objetivos foram propostos na redação da última versão do documento e causaram muitas discussões sobre o risco de se perder entre códigos alfanuméricos enquanto os direitos de aprendizagem deixam de ser a prioridade para a conquista de objetivos a qualquer custo. Essa é uma discussão que deve ser retomada em propostas de formação docente para que não haja deslocamento do foco nos Direitos de Aprendizagem e Desenvolvimento para somente partir e pensar nos objetivos (Brasil, 2017).

A especificidade deste atendimento requer uma nova concepção sobre a infância, sobre a criança, sobre ser professor de Educação Infantil e ainda, sobre as práticas educativas na creche e na pré-escola.

Aos professores da Educação Infantil, é necessária uma postura de pesquisador do universo infantil, de sua cultura, necessidades, interesses e saberes, conforme salientado por Fochi (2019). Faz-se importante garantir nas ações planejadas, os Direitos de Aprendizagem, no sentido de instigar o seu desejo de agir sobre o mundo, organizando experiências essenciais, vivências ricas e de qualidade em que as crianças possam exercer o papel de protagonistas de suas ações.

Professores da infância precisam, então, orientar o planejamento de sua prática pedagógica alinhando-o aos direitos supracitados, desde o agrupamento das crianças, em pequenos ou grandes grupos, nas relações entre elas, adultos e espaços, a materialidade, cuidados pessoais e gestão do tempo até as intencionalidades anunciadas nas propostas do planejamento.

Para além da necessidade de pensar uma proposta de currículo de forma articulada, há muitos desafios a serem superados na Educação Infantil, visto que o acesso à educação ainda não foi universalizado e a qualidade, em grande parte das escolas, não se aproxima sequer dos parâmetros e/ou indicadores expressos nos documentos legais construídos historicamente nesta etapa da educação básica no país (Indicadores da qualidade na educação, 2004).

O quadro a seguir sintetiza as discussões aqui propostas acerca dos documentos orientadores da Educação Infantil no Brasil. Apresenta-se, para além dos objetivos dos documentos, as concepções de criança e a organização de cada um deles.

Quadro 1 - Síntese dos Principais Documentos Orientadores da Educação Infantil

Documentos	Concepção de criança	Objetivos	Organização
RCNEI 	Visão de alguém que responde ao estímulo do adulto. Professor no foco do trabalho.	Apontar o que deve ser "ensinado" nessa etapa.	Em eixos, de forma integrada: 1. Identidade e autonomia; 2. Movimento; 3. Linguagem oral e escrita; 4. Matemática; 5. Música; 6. Artes plásticas e visuais; 7. Natureza e Sociedade.
DCNEI 	Descentralização do adulto. Amplia o olhar sobre a criança. Criança como foco das propostas educativas. Considera a brincadeira e as interações como condições para a aprendizagem.	Reforça a importância do conhecimento cultural, natural e científico.	Considera como eixos estruturantes as interações e a brincadeira. Propõe a articulação entre as diferentes linguagens para a organização curricular e didática.
BNCC BASE NACIONAL COMUM CURRICULAR	Criança como sujeito com direitos de aprendizagem. Criança protagonista, ativa em todos os contextos que faz parte, ela não apenas interage, mas também cria e modifica a cultura e a sociedade.	Avanços no entendimento de como as crianças aprendem, importantes referências para construção de um currículo baseado na garantia dos Direitos de Aprendizagem e Desenvolvimento articulados com campos de experiências.	Mantém os eixos e concepções das DCNEI. As múltiplas linguagens e áreas do conhecimento são organizadas em campos de experiência, pois parte-se do pressuposto que as crianças aprendem por meio de vivências. Há objetivos definidos por campos etários.

Fonte: Elaborado pelos autores (2020).

Os RCNEI, as DCNEI e a BNCC apontam ora caminhos cruzados, ora distintos, entre as concepções fundantes de um currículo para a infância. Uma leitura cuidadosa aponta que as DCNEI e a BNCC trazem na centralidade, as crianças em toda sua potencialidade e os três documentos propõem o brincar e as interações como eixos estruturantes da prática pedagógica.

Dessa maneira, a organização curricular proposta pela BNCC, por meio de resgates e reafirmações de conceitos previstos nos documentos anteriores, pretende ampliar o repertório de contextos de práticas pedagógicas que garantam os eixos estruturantes e os direitos de aprendizagem e desenvolvimento, construindo novos referenciais para as tomadas de decisão mais conscientes em relação à organização do cotidiano com as crianças e ao planejamento intencional de práticas pedagógicas (Brasil, 2017).

Vale ressaltar que a versão final do documento da BNCC só foi possível após muitas tensões, disputas e retrocessos que foram protagonizados, por um lado, por vertentes conservadoras e, por outro lado, pelas discussões em torno da dimensão transformadora centrada na criança, que ainda apresenta lacunas.

Os documentos supracitados indicam novas formas de olhar para a infância, de se pensar nas relações com as famílias e comunidade escolar. Considerando a realidade pandêmica instaurada no mundo no ano de 2020, situação que gerou a suspensão do atendimento nas creches e pré-escolas brasileiras, são demandados novos olhares para a escola de Educação Infantil e, consequentemente, para os seus currículos e projetos políticos pedagógicos.

OS DIÁLOGOS ENTRE TECNOLOGIA, CURRÍCULO E INFÂNCIA

Muitas são as questões levantadas nesse momento singular e sem precedentes da história da humanidade, o contexto escolar foi significativamente afetado, exigindo de docentes e gestores escolares uma ressignificação profissional para conseguir atender às demandas surgidas nesse período. Especialmente na Educação Infantil, nesse momento de afastamento, a utilização da linguagem digital se tornou potente para manutenção dos vínculos afetivos e interações entre todos da comunidade escolar, colocando a tecnologia como mais uma integrante do processo ensino-aprendizagem.

Quando se pensa sobre tecnologia na atualidade, a tendência é relacionar esse vocábulo à equipamentos e transformações próprios da realidade computacional. Todavia sua utilização concerne desde os primórdios da humanidade, por esse termo ser etimologicamente comum ao termo técnica.

Segundo Veraszto et al (2008, p. 62), a técnica trata do como transformar, ou modificar materiais, enquanto a tecnologia, entende-se como "a razão do saber fazer. (Rodrigues, 2001). Em outras palavras o estudo da técnica".

Trataremos aqui das chamadas Tecnologias Digitais de Informação e Comunicação (TDICs), que segundo explicitado por Silva & Soares (2018), são um conjunto de artefatos e equipamentos que reúnem diferentes práticas, que se desenvolvem segundo lógicas sociais e organizacionais específicas, e determinam uma compreensão dos avanços técnico-científicos que dialogam, influenciam e são influenciados pelos contextos políticos, sociais, econômicos e filosóficos no qual estão imersos. É esse movimento de convergência entre tecnologia e sociedade que dá origem às TDICs (Silva & Soares, 2018).

Atualmente as crianças têm tido acesso às tecnologias digitais cada vez mais cedo, o *tablet* e o *smartphone* têm dado novas significações ao cotidiano das infâncias. Essa frequente utilização das tecnologias por parte das crianças gera muitas discussões e questionamentos, de certa forma polêmicos, acerca do desenvolvimento social, psíquico e afetivo dessas, uma vez que elas têm substituído atividades ativas de socialização para estarem mais tempo na realidade virtual.

Partindo do pressuposto de que "a infância é variável - histórica, cultural e socialmente variável" (Buckingham, 2006, p. 10), compreendemos que esse contingente que nasce e cresce sob a influência das tecnologias digitais, tem se inserido nessa "Sociedade da Informação" (Castells, 1999) e se apropriado dos elementos pertencentes a ela.

Desse modo, compreendemos que vivemos em uma sociedade ressignificada, que deveria acolher estas vidas recém-chegadas ao mundo, e suas histórias, culturas, valores e experiências, mas, ao contrário, exige delas adaptações e transformações para conseguirem se inserir de forma significativa em suas práticas sociais, enquadrando os sujeitos aos valores e regras preexistentes.

Douglas Engelbart, citado por Lévy (2010), afirma que os agentes de mídias, tecnologias intelectuais, linguagens e métodos de trabalho disponíveis em uma época específica condicionam a maneira de pensar e funcionar da sociedade. Partindo desse pressuposto, Magda Soares discorreu acerca do letramento digital que discute como a tecnologia traz um novo sentido às questões envoltas no contexto do letramento. Segundo a autora,

> propõe-se o uso do plural *letramentos* para enfatizar a idéia de que diferentes tecnologias de escrita geram diferentes *estados* ou *condições* naqueles que fazem uso dessas tecnologias, em suas práticas de leitura e de escrita: diferentes *espaços de escrita* e diferentes *mecanismos de produção, reprodução e difusão da escrita* resultam em diferentes *letramentos* (Soares, 2002, p. 156, grifo do autor).

Sendo assim, até mesmo os espaços em que ocorrem as práticas sociais da oralidade, da leitura e da escrita, que geram estímulos para o letramento e a alfabetização espontâneas, são novos, exigindo assim que a escola se adapte e aprenda junto a seus educandos, de forma a conseguir conectá-los melhor ao processo ensino-aprendizagem.

> É necessário criar um novo quadro cultural de referência, mais assente numa verdadeira cultura colaborativa, com equipas de trabalho motivadas, capaz de gerar um efeito transformacional na escola tradicional, em vez de procurar uma colaboração forçada, que em contextos de competição nunca pode passar de um alegoria (Meirinhos & Osório, 2011, p. 44).

Vê-se, então, que o debate teórico em torno da tríade tecnologia-infância-educação é inesgotável, porém presente e necessário frente às realidades sociais hodiernas. As crianças já interagem com a tecnologia, fazem parte da geração de Nativos Digitais, elas buscam autonomia para criarem e modificarem o próprio mundo.

A tecnologia está presente em todo lugar, agora, frente à pandemia da COVID-19, isso foi acelerado e reiterado de forma mais clara e explícita. Já temos carros autônomos, a inteligência artificial criando máquinas que conseguem aprender, bancos digitais e moedas criptografadas. Não conseguimos mais escapar dela. Com a educação não é diferente, Carlos Rodrigues Brandão (1981, p. 3) afirma que "ninguém escapa da educação. Em casa, na rua, na igreja ou na escola, de um modo ou de muitos todos nós envolvemos pedaços da vida com ela [...]". Então, a partir dessa transversal da educação e da tecnologia presentes em todos os espaços, é preciso que a tríade tecnologia-infância-educação se mantenha sempre em diálogo, de forma a uma complementar a outra e assim auxiliar no desenvolvimento saudável das crianças, e na criação de uma escola como uma instituição que aprende.

Figura 6 - Tríade Tecnologia-Infância-Educação

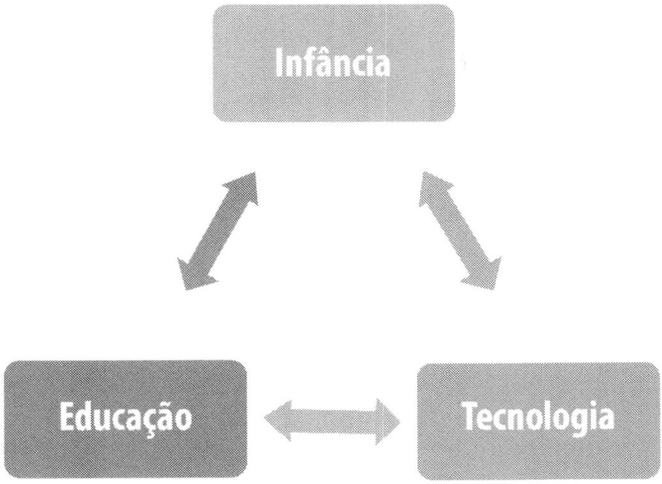

Fonte: Elaborado pelos autores (2020).

Diante disso, a cultura digital e as tecnologias reaparecem no texto especifico da Educação Infantil na BNCC, em um dos seis direitos de aprendizagem:

> Explorar movimentos, gestos, sons, formas, texturas, cores, palavras, emoções, transformações, relacionamentos, histórias, objetos, elementos da natureza, na escola e fora dela, ampliando seus saberes sobre a cultura, em suas diversas modalidades: as artes, a escrita, a ciência e a tecnologia (Brasil, 2017, p. 38).

Esse direito propõe que as tecnologias digitais sejam experimentadas como potencializadoras da concretização do processo-ensino aprendizagem. Para além disso, ela também será utilizada para estimular a criatividade das crianças, o desenvolvimento da linguagem e do pensamento crítico social.

A utilização das novas tecnologias pode estreitar ainda mais os laços afetivos e, consequentemente, a efetividade das trocas pedagógicas entre famílias, crianças e escola. Segundo Quartiero (1999, p. 3) as TDICs "podem estabelecer uma comunicação plena e efetivamente dinâmica, interativa, multidirecional".

E essa integração tecnologia-escola de infância, evidenciada no período pandêmico, será algo que não vai passar, será um contexto permanente, por dialogar com o interesse dos educandos e proporcionar a todos os integrantes do processo ensino-aprendizagem interatividade e autonomia nas práticas pedagógicas e educativas. O desafio agora perpassa sobre a vertente da pedagogia, pois não é somente utilizar as tecnologias ou implantar equipamentos, trata-se do como utilizá-las pedagogicamente na escola de infância. De acordo com Lima,

> A escola se apresenta, nesta situação, como um campo promissor de ação. Ela envolve várias gerações e, por sua própria natureza, implica um espaço cultural de interação humana, ao qual todos retornarão futuramente, mas que por ora funciona à distância (Lima, 2020, p. 4).

Nesse sentido, faz-se importante apontar que não há um conhecimento pedagógico disponível para a Educação Infantil acerca do ensino remoto, não há sequer legislação sobre essa questão na Educação Infantil. Esse ainda tem sido um assunto fortemente combatido por especialistas e militantes da infância.

Há inúmeras questões que discutem o acesso da Educação Infantil à utilização de tecnologias: a desigualdade social, a falta de acesso e os estudos e pesquisas que apontam que crianças pequenas não devem ser expostas à telas e devem ter maior autonomia para estar com aparatos tecnológicos, ou seja, na Educação Infantil, somente na companhia de adultos responsáveis, nunca sozinhas. A formação de educadores e a necessidade de se rever as propostas curriculares são exemplos de outros grandes desafios.

Frente à realidade pandêmica, Lima (2020) propôs a criação de um Currículo emergencial, que ajude a suportar as demandas do mundo atual:

> O essencial de um currículo emergencial neste contexto é reestruturar e ampliar as ações educativas que promovam a humanização das novas gerações ao mesmo tempo em que ampliem os conhecimentos dos educadores (Lima, 2020, p.10).

O que estamos atualmente compreendendo enquanto um currículo de emergência, pode se tornar comum nas próximas décadas visto que essa conjuntura apresentada no ano de 2020 trouxe novas significações à escola e também ao currículo.

QUANDO O FIM É O COMEÇO

Compreender a necessidade de um currículo para os tempos de pandemia e pós-pandemia é uma das proposições desse capítulo que tem como referência os documentos oficiais, seus termos e pressupostos e as principais inovações propostas pela BNCC, em especial o desenvolvimento integral considerando as 10 competências, a organização específica da etapa da Educação Infantil e as relações com a cultura digital em tempos de pandemia. Do ponto de vista legal, há indícios de grandes conquistas, apontado por avanços que revelam a necessidade de se reorganizar propostas e práticas educativas. Essa adequação exige novos olhares e escutas para a infância, bem como novos investimentos em materialidades e na formação docente, oportunizando novos modos de cuidar e educar na Educação Infantil.

Em busca de respostas às perguntas iniciais, novas questões surgiram e por fim, chega-se ao entendimento que estamos apenas no começo, o novo está surgindo e é a partir daqui que devemos caminhar.

Quando voltamos um pouco no tempo, percebemos que os períodos de guerra incentivaram autoridades federais de todo o mundo a investirem em pesquisa e educação, e assim se destacarem, ou até mesmo conseguirem a vitória. E por esse motivo, muitos dirigentes internacionais tem lido esse contexto pandêmico como um período de guerras, e têm buscado investir na ciência e na educação para conseguirem resultados rápidos e eficientes.

Quando analisamos a perspectiva educacional, singularmente a brasileira, vemos que esse momento também trouxe bons frutos, pois toda a comunidade acadêmica precisou buscar formações e referências para atuarem de forma diferente do modelo tradicional, levando toda a escola para diferentes telas e ainda assim buscando que essa siga em sua essência.

Diante de um vírus que provocou o fechamento das instituições educativas e colocou o mundo e a educação no universo das tecnologias digitais, quais relações serão tecidas com o currículo e as propostas educativas para a infância? Como serão organizadas as instituições em relação ao tempo, espaço e materialidades no retorno? Quais as propostas para a Formação Docente para a utilização críticas das tecnologias na Educação Infantil? Como a comunidade e a família podem atuar junto às escolas na construção de uma proposta curricular que faça sentido na infância?

São questões ainda sem respostas, mas carregadas de muitos aprendizados e experiências excitantes para a transformação necessária da escola para uma instituição aprendente, inspirando um contínuo movimento e a pesquisa em busca do entendimento de um currículo que dê conta de toda a complexidade da escola para os bebês e crianças em tempos desafiadores. É importante refletirmos acerca de uma afirmação apresentada por Saramago (2020), em sua obra "Memorial do Convento", quando ele afirma "Tudo no mundo está dando respostas, o que falta é o tempo das perguntas", o ano de 2020 nos oportunizou esse tempo para as perguntas, vamos refletir sobre aquilo que está posto e também sobre nossos papéis dentro da realidade educacional do mundo.

REFERÊNCIAS

Ação Educativa, Unicef, PNUD, & Inep-MEC. (2004). *Indicadores da qualidade na educação*. Ação Educativa.

Arroyo, M. G. (2013). *Currículo, território em disputa*. Editora Vozes.

Barbosa, M. C. S. (2009). *Por amor e por força: rotinas na educação infantil*. Artmed.

Bobbitt, J. F. (1918). *The Curriculum*. The Riverside Press.

Brandão, C. R. (1981). *O que é Educação*. Brasiliense.

Brasil. (1988). *Constituição da República Federativa do Brasil*. Presidência da República. Casa Civil.

Brasil. (1996). *Lei de Diretrizes e Bases da Educação Nacional*. Presidência da República. Casa Civil.

Brasil. (1998). *Referencial curricular nacional para a educação infantil*. Ministério da Educação. Secretaria de Educação Fundamental.

Brasil. (2010). *Diretrizes curriculares nacionais para a educação infantil*. Ministério da Educação. Secretaria de Educação Básica.

Brasil. (2013). *Diretrizes Curriculares Nacionais Gerais da Educação Básica*. Ministério da Educação.

Brasil. (2014). *Lei n. 13.005 de 25 de junho de 2014*. Presidência da República. Casa Civil.

Brasil. (2017). *Base Nacional Comum Curricular*. Ministério da Educação.

Buckingham, D. (2006). Defining digital literacy – What do young people need to know about digital media? *Nordic Journal of Digital Literacy, 1*(4), 263–277.

Carvalho, E. M. G. (2003). *Educação Infantil*. EDUESC.

Castells, M. (1999). *A sociedade em rede*. Paz e Terra.

Cerizara, B. (2000). *Rousseau: a educação na infância*. Scipione.

da Silva, T. T. (2016). *Documentos de identidade - Uma Introdução às teorias do currículo*. Autêntica.

de A. Silva, V., & Soares, M. H. F. (2018). O uso das tecnologias de informação e comunicação no ensino de Química e os aspectos semióticos envolvidos na interpretação de informações acessadas via web. *Ciênc. Educ., Bauru*, 24(3), 639–657.

de Oliveira Fernandes, C. (2007). *Indagações sobre currículo: currículo e avaliação*. Ministério da Educação.

Dewey, J. (1902). *The child and the curriculum*. University of Chicago Press.

dos Santos, P. S. M. B. (2012). *Guia prático da política educacional no Brasil: Ações, planos, programas e impactos*. Cengage Learning.

Fochi, P. (2019). *Mini-histórias: rapsódias da vida cotiana nas escolas do Observatório da Cultura Infantil - OBECI*. Ateliê.

Forquin, J.-C. (1999). *Escola e cultura: as bases sociais e epistemológicas do conhecimento escolar*. Artes Médicas.

Gadotti, M. (2007). *A escola e o professor : Paulo Freire e a paixão de ensinar*. Publisher Brasil.

Kramer, S. (2009). Crianças e adultos em instituições de educação infantil; o contexto e a pesquisa. In S. Kramer (Ed.), *Retratos de um desafio: crianças e adultos na educação infantil* (pp. 12–23). Editora Ática.

Lévy, P. (2010). *As tecnologias da inteligência: o futuro do pensamento na era da informática*. Editora 34.

Lima, E. S. (2020). *Currículo emergencial para a educação durante e após a pandemia*. Diálogos.

Meirinhos, M., & Osório, A. (2011). O advento da escola como organização que aprende: a relevância das TIC. *Conferência Ibérica: Inovação Na Educação Com TIC*, 39–54.

Moraes, M. C. (2003). *O paradigma educacional emergente*. Papirus.

Quartiero, E. M. (1999). As tecnologias da informação e comunicação e a educação. *Revista Brasileira de Informática Na Educação*, 1–7.

Saramago, J. (2020). *Memorial do Convento*. Companhia das Letrinhas.

Soares, M. (2002). Novas práticas de leitura e escrita: letramento na cibercultura. *Educ. Soc.*, 23(81), 143–160.

Tyler, R. W. (1949). *Basic principles of curriculum and instruction*. University of Chicago Press.

Veraszto, E. V., da Silva, D., de Miranda, N. A., & Simon, F. O. (2008). Tecnologia: Buscando uma definição para o conceito. *PRISMA.COM*, 7, 60–85.

Vygotsky, L. S. (2002). *Pensamento e linguagem*. Martins Fontes.

BREVES NOTAS SOBRE A INTERAÇÃO EM AULAS DE LEITURA POR MEIO DE PLATAFORMAS DIGITAIS

Daniella Lopes Dias Ignácio Rodrigues

Jane Quintiliano Guimarães Silva

ABRINDO A DISCUSSÃO

O avanço da tecnologia levou, para o bem ou para o mal, universidades e outras instituições de ensino superior (IES) a adotar e a usar sistemas de gestão de aprendizagem de conteúdos disciplinares, e o contexto da pandemia deixou ainda mais evidente o papel das tecnologias de informação e comunicação (TIC) na educação. No primeiro semestre de 2020, quando o mundo passou a conviver com o Covid-19, professores e alunos das redes pública e privada enfrentaram desafios enormes no uso de tecnologias para o compartilhamento de conteúdo bem como para a manutenção da rotina de sala de aula em um ambiente virtual.

No dia 17 de março de 2020, a portaria 343/2020, publicada no Diário Oficial da União, dispôs sobre a substituição das aulas presenciais por aulas em meios digitais enquanto perdurasse a situação pandêmica oriunda do Sars-CoV2:

> Art. 1º Autorizar, em caráter excepcional, a substituição das disciplinas presenciais, em andamento, por aulas que utilizem meios e tecnologias de informação e comunicação, nos limites estabelecidos pela legislação em vigor, por instituição de educação superior integrante do sistema federal de ensino, de que trata o art. 2º do Decreto nº 9.235, de 15 de dezembro de 2017 (Brasil, 2020, p.01).

É nesse contexto que emergiu uma (re)configuração do processo de ensino-aprendizagem denominada Educação Remota, isto é, práticas pedagógicas mediadas por ferramentas digitais, com aplicativos com conteúdos, tarefas, notificações e plataformas síncronas e assíncronas como o Teams (Microsoft), Canvas, Google Class, Google Meet e Zoom, "estas últimas entrando em uma competição acirrada para ver quem consegue pegar a maior fatia do mercado" (Alves, 2020, p. 352). A educação remota chegou à rede privada, impondo a professores, pais e estudantes outra forma de pensar e organizar as atividades pedagógicas. Tal prática, que vem ocorrendo desde 22 de março em algumas instituições de ensino, impõe-se como a palavra de ordem dessas instituições que têm um contrato que regula a situação de pais/estudantes que pagam pela educação, sobretudo, em escolas da rede privada da educação brasileira que, infelizmente, por alinharem a uma perspectiva mercantilista da educação, vendem um serviço no qual pais e estudantes são vistos como clientes, validado por um contrato e em plena sintonia com a lógica do capital e o modelo neoliberal que norteia os países ditos democráticos (Santos, 2020b).

Esse ponto de vista sobre a educação vai ao encontro das reflexões que Santos (2020a) traz em Crítica da Razão Indolente, estudo no qual o sociólogo discute o projeto da modernidade sinalizando duas formas de conhecimento: o conhecimento-regulação e o conhecimento-emancipação. Conforme o autor, o extremo do primeiro são o caos – ignorância – e a ordem – conhecimento; já, do segundo, são o colonialismo – ignorância – e a solidariedade – conhecimento. O pilar do conhecimento regulação é constituído pelo Estado, mercado e comunidade na convergência entre modernidade e capitalismo, cuja lógica deste último sobrepõe o mercado ao Estado e à comunidade. Tal sobreposição do conhecimento-regulação sobre o conhecimento-emancipação se dá por meio da imposição da racionalidade cognitivo-instrumental sobre as outras formas de racionalidade e a imposição do princípio da regulação pelo mercado sobre os outros dois princípios – Estado e comunidade. Santos (2020b), referindo-se à lógica das universidades, afirma que as sociedades modernas são reguladas pelo Estado, o mercado e a comunidade, reforçando a proletarização produtivista dos professores e a conversão dos estudantes em consumidores de serviços.

Durante a pandemia, o produtivismo dos professores ficou evidente na dedicação ao ensino remoto "por iniciativa própria e espírito de missão" (SANTOS, 2020c). Enfrentaram e vêm enfrentando alterações na vida familiar, fazendo uso de tecnologias de ensino com que a maioria estava pouco familiarizada, com uma carga burocrática desmedida. Em suma, a pandemia intensificou as tendências de degradação da universidade já percebidas há muito (Santos, 2020c).

Retomando, as práticas de educação remota cresceram no mundo todo devido às injunções trazidas pela pandemia da Covid-19, em respeito, particularmente, às medidas de distanciamento social, fato que impulsionou essa nova dinâmica, fomentada por atividades mediadas por plataformas digitais, com encontros frequentes durante a semana, seguindo, numa certa medida, a lógica e o cronograma de atividades presenciais que presidiam a vida escolar antes do distanciamento social imposto pelo Covid-19. Na educação remota, ao que se observa, tende a predominar um ajuste de ordem temporária das metodologias utilizadas na modalidade presencial, ao buscar operar com uma mesma dinâmica que valide aquela que opere com as aulas acontecendo nos mesmos horários e com os professores responsáveis pelas disciplinas dos cursos presenciais, os quais, nessa nova ordem escolar, tiveram de "adaptar" os materiais e recursos didáticos para realização das atividades síncronas, valendo-se, por exemplo, de videoaulas, fóruns de estudo e discussões, slides em Power Point, entre outros expedientes didáticos que intentam criar e/ou ampliar possibilidades de situações de ensino para contribuir para o processo de aprendizagem do aluno.

A modalidade a distância é regida pela Lei de Diretrizes e Bases da Educação (LDB) (Brasil, 1996) e suas portarias, mas o ensino remoto foi uma alternativa temporária que se impôs frente ao cenário pandêmico da Covid-19. É interessante ter em conta que uma das especificidades que tipificam os cursos a distância, para a sua implementação, consiste em uma autorização prévia do Ministério da Educação (MEC) a partir de projeto encaminhado e avaliado pelas instâncias envolvidas e todas as atividades são realizadas a distância durante todo o curso, tendo um tutor que dá suporte aos alunos. Nesses cursos, como se sabe, não existe obrigatoriedade de atividades síncronas no Ambiente Virtual de Aprendizagem (AVA), e os alunos têm uma flexibilidade para participar e realizar as atividades.

Além disso, a EAD exige a produção de materiais qualificados e produzidos previamente. Outro ponto a destacar é que esta modalidade pode não se aplicar a todos os cursos, na sua integralidade, como, por exemplo, os da área de saúde. E, finalmente, a mediação das tecnologias nas práticas de ensino presencial concorre para criar ou ampliar os espaços de interação para além das salas de aula físicas, com vistas a estimular uma aprendizagem por meio de plataformas digitais, para contribuir com o letramento digital, entre outros objetivos. Ocorre que, no ensino remoto, a dinâmica que se impõe é outra, na medida em que não há uma sistemática preparação prévia de material a ser disponibilizado aos alunos e, mais que isso, parece-nos que as tecnologias são vistas não como meio de extensão dos espaços de interação entre professores e alunos, mas como substitutas desses espaços.

Entre as TIC utilizadas na educação a distância, existem os sistemas de gestão de aprendizagem que são definidos como um tipo de software em que instruções programadas conduzem todas as atividades de ensino/aprendizagem, atuando como um repositório onde os recursos didáticos de aprendizagem podem ser armazenados e recuperados (Davis et al. 2009; Lamichhane et al. 2007). Tais sistemas são baseados em nuvem como o Canvas, Sakai, dotLearn. Sobre isso, pesquisas recentes mostram que, embora o Moodle e o Canvas não sejam do mesmo tipo, eles compartilham os mesmos recursos para aprendizagem e estão entre os 10 mais usados nas IES (Elabnod, 2015; Pappas, 2019).

É tendo em conta esse contexto e buscando assim pensá-lo a partir dessa problematização, respaldada numa abordagem discursiva da linguagem, que, no presente texto, pretendemos discutir como o Canvas, em conjunto com a plataforma Teams – LMS (Learning Management System) –, ferramentas tecnológicas digitais, parecem concorrer para limitar a troca de conhecimentos e experiências sociais para a aprendizagem da leitura em uma disciplina denominada Leitura e Escrita[1] em que se prevê leituras compartilhadas entre professor e aluno, de variados textos e em muitas aulas, pressupondo, para isso, práticas dialogais conjuntas entre professores e alunos envolvendo um trabalho de produção de sentidos, pautado na troca de valores, crenças, ideologias e atitudes que refletem diferentes saberes construídos social e historicamente por esses sujeitos.

A concepção de leitura adotada pela disciplina, portanto, é a de processo de produção de sentidos. Trata-se de uma concepção de leitura alinhada à de linguagem acima anunciada, que se orienta pelo pressuposto de que o sentido não é fornecido nem pelo texto, nem

---

1 Essa disciplina integra o programa curricular dos cursos do Instituto de Ciências Humanas, da PUC Minas, a qual, entre seus objetivos, volta-se para criar espaços de interlocução e de produção de sentidos de textos, tomados como objeto de leitura.

pelo autor, nem pelo leitor, mas resulta de uma construção discursiva na qual atuam leitor e autor, ambos sócio-historicamente determinados. Assim, tal construção, mediada pelo texto, está sob as condições de dado momento histórico e social em que autor e leitor se inserem e, igualmente, sob as injunções ideológicas que atravessam os discursos nos quais se encontra inscrito o sujeito-leitor. Sob essa perspectiva, os sentidos dos textos acontecem no trabalho dialógico entre os sujeitos: autor e leitor (Volóchinov, 2017, Indursky, 2001).

Assim sendo, a leitura se apresenta como prática dialógica de confrontação com as vozes do outro, pois, "a cada palavra da enunciação que estamos em processo de compreender, fazemos corresponder uma série de palavras nossas, formando uma réplica" (Bakhtin, 2000, p. 117-118). E como realizar esse diálogo, "a forma mais importante da interação discursiva" (Volóchinov, 2017, p. 41) entre professor e aluno em LMS?

Para uma entrada nessa discussão, consideramos que

> o vocábulo interação – em expressões como interação social, interação em sala de aula, interação entre pares, interação com a escrita ou interação discursiva – traz o significado de que, na vida social e nos diversos espaços em que nos encontramos com os outros, nos usos que fazemos da linguagem[2] falada, nas situações em que usamos a linguagem escrita, realizamos ações que têm consequências para os participantes e que influenciam a maneira como nos vemos e vemos os outros, de que maneira somos vistos pelos outros, e também a maneira como (re)conhecemos significados que as pessoas atribuem aos artefatos culturais que utilizam nesses encontros (Castanheira, 2014).

Está na base da interação, portanto, a ideia de reciprocidade, de influência mútua. Mas ressalte-se aqui que a interação em sala de aula, da perspectiva adotada, pressupõe o contato, mas, fundamentalmente, a interlocução, entre professor e aluno e entre este e colegas. Assim, falar de interação significa compreendê-la no escopo da interlocução como o movimento dos/entres os sujeitos (não apenas dois) que se dá na ordem do intersubjetivo (Indursky, 2001), condição primeira e necessária que possibilita a mediação e a construção de conhecimentos (saberes e, portanto, sentidos) sobre eles mesmos e sobre o mundo.

Assim, procuramos responder à questão anterior, logicamente, sem negar o valor das TIC na instituição escolar no desenvolvimento e na ampliação do letramento digital e na possibilidade de oferta de cur-

---

2 Leia-se modalidades falada e escrita da língua.

sos na modalidade remota. No entanto, é preciso considerar que ler é uma prática social em que tecnologias, muitas vezes, podem promover efeitos outros que concorrem para limitar a experiência intersubjetiva e dialógica aí pressuposta. Para acercamo-nos desse intento, como anunciado, trazemos para o cerne de nossa reflexão algumas questões sobre o funcionamento do Canvas e do Teams, tecnologias que vêm ganhando uma centralidade nos processos interacionais das práticas do ensino remoto.

A INTERAÇÃO NO *CANVAS* E NO *TEAMS*

O *Canvas* é um LMS – *Learning Management System* – lançado em 2011, pela *Instructure*, uma empresa de tecnologias educacionais, distribuído para universidades, distritos escolares e instituições educacionais (CANVAS, 2018)[3]. Tem configuração de *software* aberto, que possibilita programadores a editar o programa conforme suas necessidades, sendo, ainda, disponível para dispositivos móveis. Esse *software* dispõe das seguintes ferramentas para professores e alunos: agenda/calendário, testes, questionário, *BigBlueButton* (conferências), tarefas, material de apoio, mural, correio, grupos, fóruns, perfil, portfólio, notas e ajuda.

Muitos estudos, tomando a sombra pela substância, acreditam que essas ferramentas de repositórios de textos contribuem, expressivamente, na relação constitutiva entre, aluno, professor e mundo, ao aproximá-los de diversas informações. Distanciando-nos desse posicionamento, entendemos que a informação não substitui o conhecimento formado. "O excesso satura a relação linguagem/pensamento/mundo, não deixando espaço para a descoberta, a dúvida, a interrogação, a invenção" (Orlandi, 2017, p. 240).

Tais estudos consideram, também, a autonomia do aluno na construção de conhecimentos. "Na constituição do sujeito elaborada pela análise do discurso, a primeira objeção é em ralação à sua liberdade, tão cara à forma histórica do sujeito capitalista: livre e responsável" (Orlandi, 2017, p. 16). É preciso pensar a liberdade inseparável do projeto de existência (que precede a essência), portanto, das condições concretas do seu exercício, na relação dialética entre subjetividade e história (Orlandi, 2017).

---

3 https://www.instructure.com/pt-br/canvas

Além disso, afirma a autora que "o excesso de informação na educação satura o lugar do conhecimento, [...] inscreve o sujeito na posição que se ilude em sua onipotência e vontade, porque dá forma material ao sujeito pragmático das (muitas) coisas a saber para sua satisfação" (Orlandi, 2017, p. 257).

Em qualquer uma dessas possibilidades da plataforma elencadas acima, a tecnologia pode ser compreendida como recurso didático, utilizada como meio para atingir um determinado objetivo. Por meio da ferramenta *Conferências*, por exemplo, as aulas são realizadas de modo remoto. Se ambos, professores e alunos, tiverem suas câmeras abertas e disponíveis durante a aula, eles podem se ver. No entanto, devido a problemas tecnológicos que dificultam a transmissão de dados com qualidade de imagem e som pela *web*, além do alto investimento financeiro em aparelhos de qualidade, a videoconferência ainda é um dos recursos mal utilizados na educação. Mesmo que problemas tecnológicos inexistam, professores repetem em todas as aulas o enunciado "abra a câmera, por favor!", tentando manter algum "contato" com quem a assiste, em um ambiente que, por vezes, apresenta telas e microfones fechados devido, muitas vezes, ao constrangimento de alunos por compartilhar a privacidade de sua casa.

Nessa ferramenta há o *chat*, compartillahdo entre alunos e professores, que, durante as aulas, permite que ambos interajam em tempo real, enviando perguntas e/ou comentários realtivos à aula. É uma ferramenta síncrona, portanto, que precisa da participação do aluno e do professor ao mesmo tempo e no mesmo ambiente. A figura, abaixo, permite visualizar a configuração que detem essa ferramenta.

Figura 1: Canvas

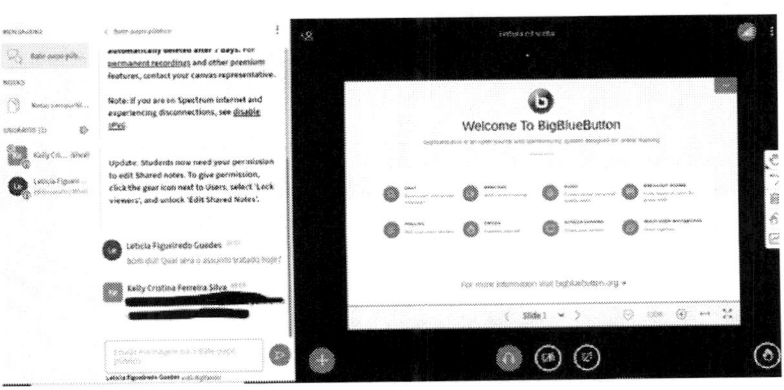

Fonte: Imagem produzida pelas autoras.

Quanto ao *Teams*, ela é uma LMS padronizada com uma ampla gama de ferramentas para gestão acadêmica, que combina *chat*, videoconferências, armazenamento de arquivos (incluindo colaboração em arquivos) e conexão de aplicativos. O serviço se integra ao pacote de produtividade Office 365 e apresenta extensões que podem ser interligadas a produtos que não são da Microsoft.

Figura 1: Teams

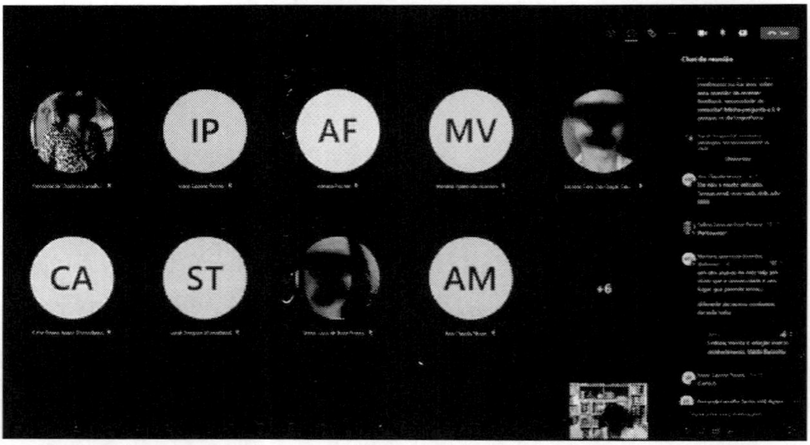

Fonte: Imagem das autoras.

Em ambas as plataformas, *Canvas* e *Teams*, todos os usuários de uma disciplina ou curso também podem acessar o histórico do *chat*. Essa modalidade de interação desses *softwares* constitui-se intersemioticamente – escrita, som e imagem.

Quais as limitações do *chat* na aula remota? A interação construída por essa ferramenta não cria possibilidades de uma troca entre os participantes tal como acontece no diálogo natural (Iakubínski *apud* Volóchinov, 2017). Iakubínski, em *Sobre o discurso dialógico* (1923 *apud* Volóchinov, 2017), mostra como o diálogo é um fenômeno especial do discurso tanto por ser cultural (fato social da interação) quanto por ser biológico (reação psicofísica). Tendo em vista esse sentido de diálogo, Iakubínski descreve uma série de características do diálogo direto que contribuem para a construção de sentidos entre os participantes de uma interação, entre elas:

> I) A percepção visual e auditiva do interlocutor (sua mímica ou expressão facial, gestos, movimentos corporais) tem enorme importância como fator

> determinante da percepção do discurso e, consequentemente, da própria fala; II) A expressão facial e os gestos às vezes desempenham o papel da réplica no diálogo, substituindo a expressão verbal. Muitas vezes, a réplica por meio da expressão facial responde antes da verbal; III) A expressão facial e os gestos têm, com frequência, uma importância semelhante à da entonação, isto é, determinadas imagens modificam os sentidos das palavras. A mímica (expressão facial) e o gesto, sendo companheiros constantes de qualquer reação do homem, são meios comunicativos constantes e poderosos; IV) A alternância de réplicas caracteriza o diálogo, sendo que as interrupções fazem parte dele e determinam sua organização, de modo geral, a mudança de réplica ocorre de forma que uma 'ainda não acabou', mas outra 'continua' (Iakubínski *apud* Volóchinov, 2017, p. 43-44).

No *chat*, a interação ocorre através de mensagens escritas, transferência de links e emoticons, que, por exemplo, compreendem os seguintes ícones - . Os emoticons objetivam expressar sentimentos em relação ao que está em discussão durante a aula. Embora alunos e professores possam ter um contato visual nas conferências quando as câmeras estão acionadas, percebendo ações e reações expostas durante a interação em aula, são várias as limitações das tecnologias que impedem uma interlocução e uma interação que encarnem o jogo dialogal e enunciativo tal como o que se projetaria na troca face a face. Entre elas, Mercado (2004) elenca: I) o ritmo da discussão nos *chats* é determinado pela quantidade de participações. Quanto mais mensagens são escritas, mais há a possibilidade de perda de participação tanto por parte do professor quanto por parte do aluno, pois como muitos "falam quase ao mesmo tempo", num ritmo acelerado, os outros não conseguem acompanhar; II) a simultaneidade que se traduz-se em uma ordem linear de aparição das intervenções, o que faz com que, se algum aluno demorar em escrever uma mensagem por estar elaborando-a, o rumo de sua intervenção vai se quebrando, entrando várias mensagens no meio, que, talvez, não tenham relação com sua resposta. Acrescentamos a essas limitações a participação, muitas vezes pequena, de alunos que não estão com a câmera ligada. Assim, a interação em sala de aula remota via *chat*, de certo modo, "impessoaliza" as práticas discursivas vividas nesse contexto devido à ausência física de alunos e professores, gerando o que Hoffman (1996) nomeia "meio sem rosto".

Mercado (2004) adiciona, ainda, a isso, que a escrita no *chat* pode inibir as pessoas que têm dificuldades de redação. Normalmente, na conversação, recorremos a elementos como expressão facial, gestos, movimentos corporais para evitar interpretações erradas, sinalizar a incompreensão ou a compreensão para o outro. Durante a conversação em rede, não dispomos de todos esses elementos paralinguísticos, o que leva os participantes dos *chats* a suplantar alguns deles por outros, por exemplo, algumas vezes, recorrendo aos emoticons. Além disso, a velocidade do recebimento de mensagens se converte em outro elemento que envolve um papel importante durante o desenvolvimento da conversação em rede. Às vezes, esse fator ocasiona o rompimento do fluxo da conversação, obrigando o retorno a algum ponto, ou simplesmente a mudança de tópico, devido ao fato de o professor não conseguir acompanhar todas as mensagens recebidas, sobretudo, quando este está apresentando PPT em tela cheia, momento em que não consegue visualizar os alunos e o *chat*.

Pallof & Pratt (2002) argumentam que, muitas vezes, a discussão sincrônica via *chat* não leva a uma discussão ou participação produtiva. Para os autores, o participante com maior facilidade de escrever tende a dominar a discussão, inclusive a sincronia se perde quando a resposta a determinado comentário se dá vários minutos mais tarde.

Tendo em vista essas características da interação entre professor e aluno em LMS, passamos e repensá-las em práticas de leitura na disciplina em foco.

PRÁTICAS DE LEITURA EM LMS: ENTRE POSSIBILIDADE E SILENCIAMENTOS

Abrimos esta seção retomando que a disciplina Leitura e Escrita parte de um princípio básico do funcionamento da linguagem, que é sempre dialógica. Entendemos, também, que os sujeitos participantes de uma dada situação comunicativa, responsivamente, envolvem-se em um processo de troca de saberes e experiências. Essa concepção de linguagem pressupõe que a leitura é igualmente dialógica. Para pensar a leitura a partir dessa perspectiva, como discutido acima, é preciso conceber os sentidos, como produções históricas, em diálogo com textos já produzidos (e ainda a serem produzidos). Tais posicionamentos possibilitam realizar leituras de textos vários que desloquem sentidos em oposição à repetição incansável de gestos de interpretação (Orlandi, 2004). Para contornar essa repetição, "é preciso ocupar um lugar teórico: o de considerar a língua como uma materialidade específica, não transparente, nem para o literato nem para o cientista" (Orlandi, 2004, p. 134). No âmbito dessa disciplina curricular, enseja-se uma proposta pedagógica que se abra para refletir sobre a pluralidade de gestos de leitura a partir de uma abordagem discursiva que permite observar como a língua produz sentidos dada a inscrição de sua materialidade na história. Portanto, as práticas de leitura se encaminham sabendo que o real da língua é o equívoco, a falha, que aceitam o lugar do possível e da transformação.

É à luz dessa perspectiva que entendemos que a leitura de textos não é apenas a decodificação, tampouco se dá mediante a apreensão de um sentido que já está dado nele. Nessa direção, o texto não é encarado como produto a partir do qual o leitor apreende um sentido que já está lá por meio de perguntas sobre o texto como "o que o autor quis dizer?". Da perspectiva teórica aqui assumida, para reiterar, consideramos que a leitura é produzida, é o momento crítico da constituição do texto a partir de suas condições de produção, "o momento privilegiado do processo de interação verbal, uma vez que é nele que se desencadeia o processo de significação" (Orlandi, 1993, p. 38). Ler "é saber que o sentido pode ser outro. Mesmo porque entender o funcionamento do texto enquanto objeto simbólico é entender o funcionamento da ideologia, vendo em todo texto a presença de outro texto necessariamente excluído dela, mas que o constitui." (Orlandi, 2004, p. 138). Nessa concepção discursiva de leitura, assume-se que o leitor constrói uma interlocução com texto a partir de seu lugar social, de sua posição-sujeito, investe-se em trabalho de produção de sentido à luz do contexto sócio-histórico, cultural, político e econômico que o afeta. Nesse trabalho, o leitor aborda o texto igualmente ao abrigo de sua história de leituras e de outros discursos que ressoam desde o interdiscurso, atravessando-se em sua leitura (Indursky, 2001).

Sob esse enquadre, aposta-se que a contribuição do professor, relativamente ao seu trabalho pedagógico no trato das leituras previstas para um texto,

> é modificar as condições de produção de leituras do aluno, dando oportunidade a que ele construa sua história de leituras e estabelecendo, quando necessário, as relações intertextuais, resgatando a história dos sentidos do texto, sem obstruir o curso da história (futura) desses sentidos (Orlandi, 1993, p. 88).

Em resumo, esses princípios e premissas sobre a leitura têm conduzido as práticas de leitura e escrita na disciplina em foco.

Metodologicamente, as aulas de leitura de textos variados em sala de aula presencial são realizadas a partir do diálogo entre professor-aluno e aluno-aluno, por meio da análise de textos pertencentes a gêneros discursivos diversos.

Na aula remota de leitura de textos, os lugares de professor e aluno se mantêm: cabe ao professor conduzir, de forma dialogada, o trabalho de leituras realizado pelos alunos. Projeta-se o trabalho com os sentidos que aí se produzem, pois, como já dito, não há leituras prontas e acabadas para um texto, como se ele fosse fechado em si mesmo, mas há leituras esperadas para ele. E, nessa empreitada, interpõem-se pelo menos dois desafios: um prevê que "o professor deve colocar desafios à compreensibilidade do aluno sem deixar de lhe propiciar as condições para que esse desafio se assumido de forma consequente", como nos lembra Orlandi (1993, p. 88); o outro envolve o desafio da interação via LMS, que é o de possibilitar essa participação entre professor-aluno, aluno e objeto de leitura tal como na sala de aula física. Porém, "há um rompimento da verticalidade dessa relação, na medida em que cada membro do grupo ocupa um lugar virtual e pode negociar sua participação de forma mais isonômica" (Motta-Roth, 2001, p. 24). Em outras palavras, alunos e professores no *chat* têm "direito à palavra".

Ocorre, conforme demonstrado na exposição sobre as limitações do *chat* e da aula por videoconferência, no que toca a questões implicadas com o *ritmo* e a *simultaneidade* das intervenções dos alunos e a *participação* pequena, que a interação em sala de aula historicamente construída, constituída por saberes partilhados entre professor e aluno no que se refere a lugares assumidos, se dá de uma forma em que certo silêncio tende a dominar, pois o fato do aluno estar "logado" na plataforma não significa estar conectado com a aula.

Observa-se que, no fluxo das aulas, no caso em foco, no trabalho da leitura, no desenrolar dos *chats*, a emergência de pausas e de silêncios se impõem dificultando a interação/interlocução entre professor, aluno(s), que fomentaria, assim, o diálogo com o objeto de leitura em cena. Essa emergência, remetendo-nos a Mercado (2004), citado acima, parece-nos ser gerada, entre outros fatores, pela natureza e condições materiais tecnológicas e pelo modo como o aluno atua com esse aparato tecnológico e o significa nessas práticas.

Aliado a essa forma de silêncio, marcada pela ausência de um retorno, seja pela fala ou escrita, do que está na pauta de discussão, têm-nos chamado também atenção os *emoticons*, que, em seu conjunto, para efeito de ilustração, destaca-se aquele que se apresenta como expressão de concordância, aqui ilustrado por este ícone: . Esse recurso interativo, nas interações em exame, a nosso ver, pode-se revestir de uma forma estratégica de burlar o silêncio. Isto é, embora haja, da parte do aluno, uma manifestação, em geral, de concordância com o que diz o professor ou o colega sobre o texto lido, tal enunciação, no entanto, acaba por não comportar a possibilidade de uma interlocução discursiva, que se abra ou provoque uma réplica mobilizada por um trabalho de contrapalavras. A esse respeito, parece-nos razoável supor que o dizer atualizado por *emoticons*, como resposta a algo suscitado pela leitura do texto, revela-se um gesto mais fático que caracteristicamente dialógico e, nessa extensão, de interpretação. Ao se recorrer a essa materialidade discursiva, icônica, promove-se, em larga medida, um esvaziando de sentido relativamente ao que se espera do aluno como sujeito-leitor no trabalho com e sobre o(s) sentido(s) inscrito(s) no texto, a ser objeto de reflexão na prática de leitura em cena. Ou seja, os *emoticons* se revestem de uma forma linguageira de uso imediato, que tendem a suspender um trabalho dialógico do leitor e, nessa medida, uma discussão que permitiria a sustentação de seu posicionamento discursivo em relação ao dizer/dito do autor do texto em leitura. Em outras palavras, os *emoticons* acabam por propiciar que os sentidos se apaguem e, nessa medida, por decorrência, instaure um silenciamento do sujeito leitor.

Assim, face a esse cenário – ainda que circunscrito a uma disciplina curricular, em que se deixa entrever um distanciamento entre os textos e suas leituras –, o que ele nos indicia não pode ser negligenciado: a presença dos sujeitos em cena na aula remota mostra-se, às vezes, silenciada, ausente ou, às vezes, pautada num descompasso (com) ou interditada pelas injunções do funcionamento do aparato tecnológico aqui descrito, imputando a eles uma passividade.[4]

Nesse ponto da discussão, ao problematizar os efeitos interacionais e interlocutivo-dialógicos dessa prática de leitura, considerando as implicações desse aparato tecnológico na construção dos processos de ensino e aprendizagem da leitura, é preciso destacar que nossa

4 É claro que esse silenciamento também ocorre na aula presencial, mas dada à própria configuração do chat e das contingências tecnológicas e, ainda, devido às condições socioeconômicas de muitos de nossos alunos, tal "silenciamento", parece-nos, é mais que constitutivo, é imperativo.

intenção não é pôr em questão as tecnologias em si. Buscamos, sim, compreendê-las numa relação que insiste não perder de vista que o que está em jogo são relações entre sujeitos e objetos de conhecimento, mediados por "novas tecnologias".

Assim, dessa perspectiva, é claro que não se rejeita o movimento de expandir os diferentes meios de acesso, trazido pelas tecnologias, ao conhecimento disponível e aos modos dele se apropriar. Mas, nosso principal destaque vai na direção de formular questões vistas como básicas sobre os modos como pelos quais tal relação se efetiva considerando-se aí que são indivíduos que participem das interações sociais como sujeitos ativos, situados historicamente e ideologicamente constituídos e não meros objetos, nem meros depositários, nem reprodutores passivos.

Nessa linha de reflexão, como nos lembra Freire (1977), embora esse educador e filósofo não tematizasse questões sobre essa nova ordem de ensino, o ato educativo é uma forma particular de comunicação que, engendrado em relações sociais entre os sujeitos da aprendizagem, dá-se uma síntese dialética, como momentos de um processo comunicativo e educativo, num contexto socioculturalmente dado, cuja compreensão requer considerar sua natureza intersubjetiva, ou seja, a participação ativa dos sujeitos do processo.

Apostando, portanto, nessa premissa freiriana, que evoca a dimensão dialógica da linguagem, tal como aqui defendida, cabem questionamentos sobre o funcionamento do primado das tecnologias no ensino, no caso aqui em observação, o *chat* na aula remota. Assim, numa tentativa provisória de síntese, se é possível verificar que essa tecnologia ocupa uma centralidade no ensino remoto – e, aqui, não ficaria de fora sua presença no ensino de EAD, importa perscrutar os impactos que ela promove na relação entre o aluno e os objetos dados a conhecer, visando a uma compreensão sistemática e crítica dos processos de interlocução que podem se figurar como um lugar de descompasso resultante da desvinculação de trocas interlocutivas – professor, aluno e o objeto em estudo –, e dos processos dos sentidos, engendrando um "silenciamento" da voz do aluno e de uma posição que ressoa uma passividade em relação ao objeto de conhecimento, no ato de ler.

À GUISA DE CONCLUSÃO

As reflexões aqui apresentadas ainda que, panoramicamente, não se podem deixar de desconsiderar que, no contexto da educação, em seus diferentes níveis de ensino – do fundamental, médio ao superior –, frente ao caráter emergencial e excepcional, demandado pelo cenário pandêmico da Covid-19, o ensino remoto se apresenta como uma novidade, instituída para que estudantes e professores possam manter o vínculo com a instituição de ensino e com as propostas educacionais mesmo a distância, implementada, para tanto, por meios de diferentes plataformas do domínio das tecnologias digitais e, nessa medida, a inscrição de novas linguagens que remetem a novas tecnologias.

Assim, quase obrigatória, devido à expansão da COVID 19, essa nova dinâmica de ensino, pautada por atividades pedagógicas não presenciais, prevendo-se tanto momentos síncronos como os assíncronos (esses assegurados pelas aulas gravadas), longe está de se apresentar uma realidade já conhecida que remeteria a uma extensão ou uma nova versão da "antiga" sala de aula. Ou, numa outra direção, como assinalado há pouco, envolveria a mobilização de tecnologias para mediar a interação professor e aluno, professor, aluno e objetos de ensino e aprendizagem, que asseguraria uma substituição desses espaços e de processos de interlocução viva, dialógica.

Desse modo, reafirmamos que essa nova ordem de ensino nos instiga a interrogá-la não tomando as tecnologias em si, mas a partir de uma perspectiva que se abre para indagar sobre os modos pelos quais professor e aluno, nesse espaço de interação e interlocução, mediado pelas tecnologias, constroem as relações com o objeto de ensino (no caso, o professor) e de aprendizagem (no caso o aluno). Nessa esteira, considerando que as tecnologias estão inscritas os modos de produção e circulação de objetos de conhecimentos, os conteúdos de saber, engendrados nesse domínio escolar, acreditamos, assim, que não se trata de apenas novos formatos para abordar ou formatar "velhos" conteúdos de ensino ou formatar modos de interação, mas práticas pedagógicas que passam a lidar ou demandar com novas formalizações de seus objetos de ensino e aprendizagem e novas formas de interlocução, medida por novas tecnologias.

E, ainda, queremos deixar claro que a discussão esboçada representa apenas um tateamento sobre o funcionamento da aula remota a partir de suas possibilidades tecnológicas. Portanto, descrições aqui apresentadas carecem de mais estudos. De qualquer modo, entender novas formas de interlocução possibilitadas pelo ambiente digital é um imperativo tanto para a Linguística quanto para a Educação em um contexto que, nos parece, será uma realidade pós-pandemia.

REFERÊNCIAS

Alves, L. (2020). Educação remota: entre a ilusão e a realidade. *EDUCAÇÃO*, *8*(3), 348–365.

Bakhtin, M. (2000). *Estética da criação verbal*. Martins Fontes.

Brasil. (1996). *Lei n° 9.394/96 de 20 de dezembro de 1996. LDB – Lei de Diretrizes e Bases.*

Brasil. (2020). *Portaria n° 343, de 17 de março de 2020.*

Castanheira, M. L. (2014). Glossário Ceale: termos de alfabetização, leitura e escrita para educadores. In I. C. A. da S. Frade, M. da G. Costa Val, & M. das G. de C. (org). Bregunci (Eds.), *Glossário Ceale: termos de alfabetização, leitura e escrita para educadores*. UFMG/Faculdade de Educação.

Elabnody, M. R. (2015). Uma pesquisa com os 10 melhores sistemas de gestão de aprendizagem de código aberto. *International Journal of Scientific & Technology Research*, *4*(8), 7–11.

Freire, P. (1977). *Extensão ou comunicação?* Paz e Terra.

Hoffman, R. (1996). Computer network: web of communication for language teaching. In M. C. Pennington (Ed.), *The power of call*. Athelstan.

Indursky, F. (2001). Da heterogeneidade do discurso à heterogeneidade do texto e suas implicações no processo de leitura. In ERNST- PEREIRA, A., FUNCK, S.B. (Orgs.). (Ed.), *A leitura e a escrita como práticas discursivas* (pp. 27–42). EDUCAT Editora da Universidade Católica de Pelotas.

Lamichhane, P., Mahatra, D. N., Parajuli A., A., & Shrestha, S. (2007). *Análise comparativa entre o Moodle e o Sistema de Gestão de Aprendizagem Autodidata*. https://link.springer.com/article/10.1007/s10758-020-09475-1

Mercado, L. P. L. (Ed.). (2004). *Revista da FAEEBA – Educação e Contemporaneidade* (Vol. 13, Issue 22).

Motta-Roth, D. (2001). De receptador de informação a construtor de conhecimento: o uso do *chat* no ensino de inglês para formando de Letras. In V. L. M. O. (org). Paiva (Ed.), *Interação e aprendizagem em ambiente virtual*. (pp. 230–247). Poslin/FALE/UFMG.

Orlandi, E. P. (1993). *Discurso e leitura*. Cortez.

Orlandi, E. P. (2004). *Autoria, leitura e efeitos do trabalho simbólico*. Pontes.

Orlandi, E. P. (2017). *Eu, Tu, ele: discurso e real da história*. Pontes.

Palloff, R. M., & Pratt, K. (2002). *Construindo Comunidades de Aprendizagem no ciberespaço*. Artmed.

Pappas, C. (2019). *Os 20 melhores sistemas de gestão de aprendizagem*. https://elearningindustry.com/the-20-best-learning-management-systems

Santos, B. de S. (2020a). *A crítica da razão indolente: contra o desperdício da experiência*. Cortez.

Santos, B. de S. (2020b). *A cruel pedagogia do vírus*. Edições Almedina.

Santos, B. de S. (2020c). *Universidade Pós-pandêmica*. https://outraspalavras.net/alemdamercadoria/boaventura-a-universidade-pos-pandemica/

Volóchinov, V. (2017). *Marxismo e filosofia da linguagem. Problemas fundamentais do método sociológico na ciência da linguagem*. Editora 34.

Wagner, E. D. (2009). *The Evolution of the LMS: From Management to Learning Deep Analysis of Trends Shaping the Future of e-Learning*. The eLearning Guild

INTRODUÇÃO À METODOLOGIA *BLENDED LEARNING*: ENTENDIMENTOS E REFLEXÕES

Saulo Furletti

José Wilson da Costa

UM POUCO SOBRE *BLENDED LEARNING*

O termo *blended learning* (BL) tem origem nos Estados Unidos, segundo Friesen (2012), por volta de 1999, e carrega em seu significado a ideia de mistura, de mescla, de combinação de modalidades de ensino – mais especificamente o ensino presencial e o *on-line* –, de metodologia de ensino-aprendizagem, de espaços para aprendizagem diferenciados, entre outras. No Brasil, o *blended learning* também é conhecido como ensino híbrido. Assim, neste texto, ensino híbrido e *blended learning* serão usados com o mesmo significado.

Para Moran (2015), o conceito de híbrido está ligado a um ensino que é ao mesmo tempo rico e complicado. Tudo pode ser misturado, na visão do autor. O difícil, para ele, é fazer a integração entre o que vale aprender, para que aprender e como aprender. Esse autor esclarece que há situações híbridas ao se misturarem saberes e valores, metodologias, atividades presenciais e virtuais, currículos e processos de ensino-aprendizagem, sintetizando esse hibridismo como mistura e integração de áreas, profissionais e alunos em espaços e tempos distintos. Enfatiza, ainda, que a educação já realiza a combinação de espaços, tempos, atividades, metodologias e públicos. Dessa forma, Bacich & Moran (2015) entendem que a facilidade de acesso aos recursos tecnológicos possibilita novas alternativas para combinar ou misturar de forma mais aberta e criativa.

Entretanto, para Pelissoni (2016). nem todas as combinações entre tecnologia e momento presencial podem ser consideradas propostas híbridas. A incorporação da tecnologia na sala de aula como repositório ou melhoria estética do conteúdo não proporciona a condição básica que caracteriza uma proposta híbrida, que é a utilização do recurso tecnológico para flexibilizar tempo e espaço e permitir a interação. Assim, o professor, no momento de elaboração de uma proposta híbrida, imbui-se da intencionalidade de construção do conhecimento pelo aluno, com vistas à flexibilidade e à interação, que são vantagens para a aprendizagem nesse tipo de proposta. Outra característica estruturante é misturar aspectos positivos do presencial e do virtual. Construir uma proposta *blended*, portanto, é integrar o melhor de abordagens metodológicas, teorias de aprendizagem, tecnologias, ambientes virtuais, mídias, simuladores, softwares, aplicativos, dispositivos, artefatos, materiais concretos e tudo aquilo que é possível se combinar. Dessa forma, em tese, tal proposta poderia resultar em uma infinidade de combinações do melhor de cada um dos recursos existentes.

Considerando as possibilidades de combinações, Driscoll (2002) apontou, quase duas décadas atrás, a existência de quatro definições que abrangem *blended learning* – apresentadas no Quadro 1. A autora enfatizou que o cerne de sua proposta está em permitir dar significados a coisas diferentes para pessoas diferentes, ilustrando assim o potencial para a sua exploração em contextos educativos.

Quadro 1 – Concepções *blended learning* apresentadas por Driscoll

Definições	Exemplo
Combinação de tecnologias baseadas na web	Sala de aula virtual ao vivo, instrução personalizada, aprendizagem colaborativa, transmissão de vídeo, áudio e texto;
Combinação de abordagens pedagógicas	Construtivismo, behaviorismo, cognitivismo;
Combinação de qualquer tipo de tecnologia com o instrutor presencial	Uso de fita de vídeo, CD-ROM, tecnologias web, com direcionamento realizado presencialmente por um professor/instrutor;
Combinação de tecnologia instrucional com as tarefas reais do trabalho	Aplicável no contexto coorporativo.

Nota: Elaborado pelos autores com dados extraídos de Driscoll, 2002.

Com o propósito de restringir os tipos de combinação, Oliver e Trigwell (2005) identificaram a existência de três outras definições, que partem de uma mistura de diferentes métodos didáticos e formatos de entrega, que são:

> (I) Combinação integrada de aprendizagem tradicional com abordagens *on-line* baseadas na web;
>
> (II) Combinação de mídia e ferramentas em um ambiente de *e-learning*;
>
> (III) Combinação de uma série de abordagens pedagógicas, independentemente da tecnologia usada para a aprendizagem. (Oliver & Trigwell, 2005, p. 17 – *tradução nossa*).

Esses mesmos autores argumentaram que existe uma vertente que discute o *blended learning* com foco na aprendizagem do aluno. Para esse grupo, foram identificadas as seguintes definições (Quadro 2):

Quadro 2 – Definições de *blended learning* por tipo de aprendizagem

Tipo de aprendizagem	Definição
Orientada por habilidades	Combinação do aprendizado individualizado com suporte do professor para desenvolver conhecimentos e habilidades.
Orientada por atitudes	Combinação de eventos e meios de comunicação para desenvolver comportamentos.
Orientada por competência	Combinação de ferramentas de suporte para desenvolver competências.

Nota: Elaborado pelos autores com dados extraídos de Oliver & Trigwell, 2005.

Oliver & Trigwell (2005) afirmaram que as definições encontradas não são de grande utilidade devido à amplitude das interpretações, uma vez que quase tudo pode ser visto como *blended learning*. Para esses autores, a popularidade sobre esse termo é crescente, mas a clareza em seu entendimento ainda não foi alcançada. Com essa premissa, Oliver & Trigwell (2005) propuseram uma reinterpretação do termo, tendo por base que situações de aprendizagem variadas podem ser promissoras para o processo educacional. Essa reinterpretação enfatiza a relação aluno-professor (em vez de focar apenas no professor), a experiência (em lugar do conteúdo) e o uso didaticamente planejado da tecnologia.

Enfrentando dificuldades semelhantes, Alammary et al. (2014) não propuseram uma definição, e sim uma classificação para os diversos níveis de ensino, tendo por base o processo de concepção das propostas *blended learning*. A partir disso, chegaram a três tipos de *design*, que são explicitados no Quadro 3.

Quadro 3 – Classificação do *blended leaning* para diversos níveis de ensino

Classificação	*Design*
Mistura de baixo impacto	Quando se adiciona atividades *on-line* extras a um curso presencial já existente;
Mistura de médio impacto	Quando se substitui atividades presenciais por atividades *on-line* em um curso já existente;
Mistura de alto impacto	Quando a concepção do curso parte da proposta *blended learning*;

Nota: Elaborado pelos autores com dados extraídos de Alammary et al., 2014.

Em decorrência do apresentado por Driscoll (2002) e, posteriormente, por Oliver & Trigwell (2005) e Alammary et al. (2014), entende-se que a tentativa de conceituar o termo traz o desafio de se conseguir uma amplitude que possibilite a realização de uma mistura metodologicamente articulada e, ao mesmo tempo, uma restrição do uso livre da tecnologia em sala de aula. Assim, enfatiza-se que equipar escolas com computadores e equipamentos tecnológicos não é garantia de realização do *blended learning*, muito menos forçar o uso de tecnologias para promover momentos presencial e virtual sem a devida integração didática.

A BUSCA POR CONVERGÊNCIAS PARA A CONCEITUAÇÃO

Continuando a discussão, Graham & Bonk (2006) consideraram que as definições mais utilizadas para *blended learning* são: (I)

Combinação de modalidades de instrução (ou mídia de entrega); (II) Combinação de métodos de ensino; (III) Combinação de instruções *on-line* e presenciais.

Esses autores apontam que, nos itens (I) e (II), a amplitude de possíveis combinações é tão grande que possibilita a qualquer proposta educacional se enquadrar na forma *blended learning*, fazendo com que perca sua essência como aprendizagem misturada. Já o item (III) se enquadra de forma mais adequada para direcionar uma tentativa de definição conceitual. Diante dessa argumentação, esses autores apresentaram sua definição para o *blended learning* como:

> Sistemas combinados que articulam a instrução presencial (face a face) com instrução mediada por computador. [...] isso reflete a ideia de que *blended learning* é a combinação de instrução de dois modelos historicamente separados de ensino-aprendizagem: sistemas de aprendizagem presencial tradicional e sistemas de aprendizagem distribuída. (Graham & Bonk, 2006, p. 5)

Horn & Staker (2015) também realizaram contribuições na tentativa de restringir o problema da amplitude da definição, que denominaram como "ênfase dos extremos". Para esses autores,

> [...] as pessoas usam o termo de forma demasiadamente ampla, para se referir a todos os usos da tecnologia na educação ("*edtech*") que se acumulam em sala de aula, ou demasiadamente restrita para indicar apenas os tipos de aprendizagem que combinam o *on-line* e o presencial e com a qual têm mais afinidade. (Horn & Staker, 2015, p. 34).

A dificuldade em restringir a amplitude de possibilidades para o termo é perceptível nas proposições de Graham & Bonk (2006), e também em Horn & Staker (2015). Destaca-se que existe uma lacuna temporal de 14 anos entre essas tentativas de definição. Inicialmente, Staker & Horn (2012) argumentaram que a ideia de *blended learning* era dada como um "programa de educação formal que mistura momentos em que o aluno estuda os conteúdos, em um tempo estabelecido, usando recursos *on-line*, com outros no qual o ensino ocorre em uma sala de aula supervisionada pelo professor". (Staker & Horn, 2012, p. 3). Três anos mais tarde, Horn & Staker (2015) apresentaram uma definição que possibilita variações do que se mescla com restrições do uso ilimitado da tecnologia em sala de aula. Para alcançar esse objetivo, propuseram uma definição dividida em três partes.

> (I) Por meio do ensino *on-line* – Qualquer programa educacional formal no qual um estudante aprende, pelo menos em parte, por meio do ensino

> *on-line*, com algum elemento de controle sobre o tempo, o lugar, o caminho e/ou o ritmo.
>
> (II) Local físico supervisionado – O estudante aprende, pelo menos em parte, em um local físico supervisionado longe de casa (escola tradicional ou centro de aprendizagem).
>
> (III) Experiência de aprendizagem integrada – As modalidades ao longo do caminho de aprendizagem de cada estudante em um curso ou uma matéria estão conectadas para fornecer uma experiência de aprendizagem integrada. (Horn & Staker, 2015, pp. 34-35).

Outra perspectiva foi apresentada por Rodrigues (2010). Ao discutir o *blended learning* no ensino superior, esse autor o definiu como um processo que coloca em ação uma série de interações, que possibilitam disseminação da agência do conhecimento, com o objetivo de promover a interatividade – entendida como uma forma eficiente e consciente de comunicação altamente complexa, que potencializa as interações.

Esse mesmo autor defende que a inclusão de recursos tecnológicos contribuiu para a interação entre as modalidades de ensino presencial e não presencial e para o diálogo entre as diferentes abordagens pedagógicas. Isso cria, segundo ele, um borramento de fronteiras, resultando no híbrido, que é o campo para os envolvidos realizarem interações.

Frente ao exposto, percebemos a existência de elementos suficientes para apontar a convergência do *blended learning* para uma forma integrada e articulada de ensino presencial e *on-line*, que possibilita a flexibilidade do espaço e do tempo para a aprendizagem. Isso valida os apontamentos de Martins (2016), quando demonstrou a existência de diferentes definições do termo na literatura e apontou como ponto de convergência entre elas a inter-relação entre o presencial e o *on-line* e a diversidade de ambientes para estudo.

As discussões de Martins (2016) indicam que a integração (presencial/*on-line*) na educação básica pode ser feita tanto em ambiente interno quanto externo à sala de aula, mas, preferencialmente, deve ocorrer dentro do espaço escolar, sem alterar a carga horária presencial. Essa integração é uma mistura de metodologias e impacta o processo ensino-aprendizagem, o que resulta na necessidade de alterações do papel do professor e dos alunos. Com isso, uma proposta híbrida reconfigura o formato do espaço físico, o modo de condução das aulas, a forma de interação e colaboração e o entendimento sobre o uso das tecnologias no processo ensino-aprendizagem.

Para Bacich e Moran (2015), a mistura para compor um contexto híbrido é algo que sempre ocorreu na educação e que, atualmente, acontece com clareza na inter-relação do presencial com o *on-line*. Segundo Tori (2010), inter-relação é um processo evolutivo e permeado pelo uso da tecnologia, partindo de um distanciamento até a predominância, no futuro, de uma zona híbrida, que é a interseção do presencial com o *on-line*, na qual o processo ensino-aprendizagem ocorrerá. A Figura 1 apresenta o esquema representativo da inter-relação do presencial com o *on-line* no passado, no presente e no futuro.

Figura 1 – Evolução da inter-relação presencial e *on-line*

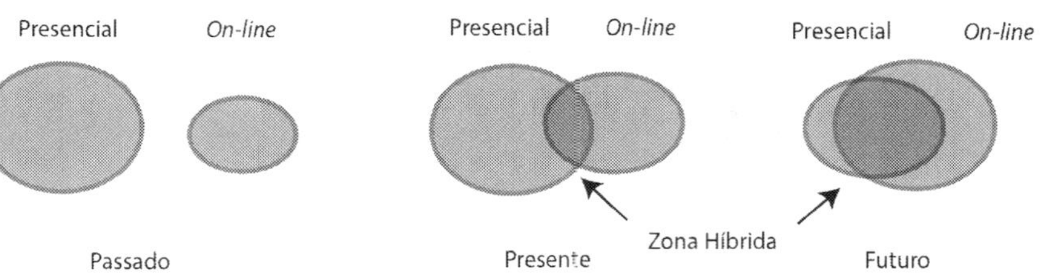

Adaptado de: Tori, 2010, p. 30.

A interseção cria uma zona híbrida que tende a uma condição de predominância no futuro, mas somente a sua existência é insuficiente para constituir uma proposta *blended learning*, pois é necessário que a zona híbrida seja estruturada a partir de um planejamento teórico/metodológico para articular, pedagogicamente e de forma dinâmica, os momentos presencial e *on-line*, direcionando a elaboração de atividades e o melhor uso dos recursos tecnológicos.

A dinâmica dessa inter-relação, com a inclusão do componente teórico/metodológico que modela uma proposta, é apresentada na Figura 2. Assim, a composição da zona híbrida se dá pelo momento presencial, pelo momento virtual monitorado e pela teoria/metodologia de articulação. A tecnologia desempenha o papel de facilitar essa relação.

Esses componentes devem se relacionar de forma imbricada e interdependente, visando a fluidez na exploração de suas potencialidades, para que possam colaborar para a consolidação do *blended learning* em perspectiva metodológica.

Segundo Moran (2015), propostas com essas características podem propiciar a criação de espaços estendidos para o ensino, levando em conta particularidades de aprendizagem dos alunos.

Figura 2 – Composição da zona híbrida no *blended learning*

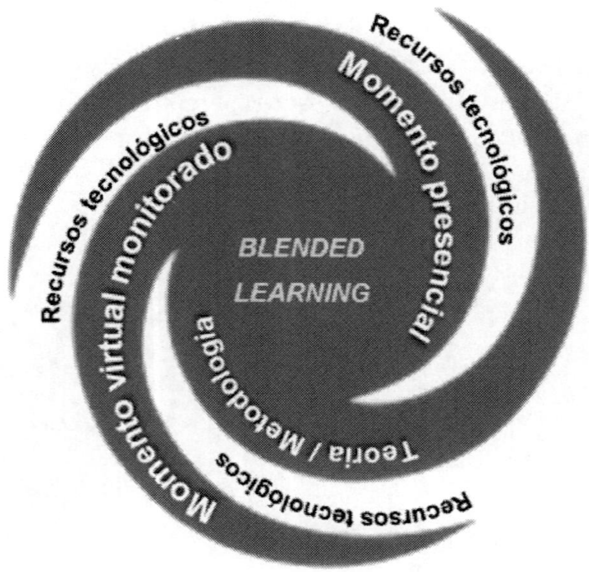

O *blended learning*, nessa perspectiva, não deve apresentar ruptura perceptível para o aluno quando ele transitar por atividades presenciais ou virtuais, pois todas as atividades são integradas e se complementam para promover a aprendizagem em situação de autonomia.

Dessa forma, os momentos presenciais, como reuniões, discussões ou orientações, devem ser aproveitados intensamente, pois possibilitam *feedback* instantâneo. O momento virtual deve complementar, enriquecer e fornecer subsídios para potencializar o período presencial, pois as atividades monitoradas propiciam extração de informações impossíveis de serem obtidas em práticas na sala de aula (Tori, 2010). A relação de dependência do presencial com o virtual não ocorre simplesmente com o encontro entre os dois, mas deve ser planejada a partir de uma base teórica e metodológica para que o *blended learning* se consolide como uma metodologia.

Com esse panorama, percebe-se o quanto é complexa a busca por uma definição específica, uma vez que todo tipo de combinação de elementos distintos pode se caracterizar como um híbrido. Assim, é compreensível que a literatura não seja consensual, dada a amplitude de combinações e a dificuldade de se fazer o enquadramento. Alguns autores, como Alammary et al. (2014), entendem que essa complexidade é uma das características do próprio *blended learning*.

Por isso não se busca uma definição, mas convergências capazes de permitir a diferenciação de uma proposta *blended learning*. A partir das argumentações e das exposições feitas por Oliver & Trigwell (2005), Driscoll (2002), Graham & Bonk (2006), Tori (2010), Horn & Staker (2012, 2015), Alammary et al. (2014), Bacich & Moran (2015), Martins (2016) e Pelissoni (2016), entende-se, de forma genérica, que propostas *blended learning* são concepções que combinam o presencial com o virtual e criam múltiplos ambientes para o ensino-aprendizagem personalizado. Ressalta-se ser importante evitar definições abrangentes, a fim de excluir situações nas quais a tecnologia somente enriquece a aula tradicional. Para Bacich et al. (2015), o ensino híbrido é uma metodologia que provoca impacto no professor durante as situações de ensino e nos alunos nas circunstâncias de aprendizagem.

Diante da diversidade de conceitos e de visões, temos como referência o entendimento proposto por Furletti e Costa (2018), que consideram a metodologia *blended learning* como a integração, didaticamente planejada, do processo ensino-aprendizagem presencial e virtual. Esse conceito apresenta duas premissas essenciais para o entendimento: (1) a integração que diz respeito ao trabalho pedagógico, que não separa o presencial e o virtual, mas que procura construir, a partir de uma base teórico-metodológica, as articulações de conteúdos, atividades e recursos mais convenientes para cada espaço; (2) o planejamento, concebido como uma dimensão necessária para o desenvolvimento da integração.

Nessa perspectiva não se estabelecem parâmetros em relação às dimensões virtual e presencial e, consequentemente, não se direciona para uma quantificação de representatividade de cada uma das partes. É o planejamento pedagógico que promove a integração do trabalho virtual e do presencial, sem estabelecer quantidades mínimas e máximas. Em cada espaço (virtual ou presencial) explora-se o que for mais conveniente do ponto de vista da promoção do conhecimento.

ALGUNS MODELOS DE *BLENDED LEARNING*

Segundo Alammary et al. (2014), a não consensualidade é algo inerente ao próprio *blended learning*, que permite explorar uma multiplicidade de combinações para o ensino-aprendizagem. A metodologia possibilita a professores e educadores desenvolver entendimentos e significados próprios para o termo e, a partir disso, elaborar modelos próprios e ajustáveis para as propostas híbridas, tendo como base o contexto de suas realidades.

Estudos realizados por Horn & Staker (2015) sobre a integração de tecnologias ao currículo em modelos *blended learning* que tinham o propósito de personalizar o ensino evidenciaram algumas combinações mais utilizadas pelas escolas de ensino básico dos Estados Unidos e de outros países. A partir dessas informações, esses autores desenharam modelos, que são considerados, por eles, imperfeitos e em constante processo de evolução. O propósito desses modelos, segundo os autores, é criar uma organização visando permitir a personalização do ensino. Para isso, levam em consideração as particularidades institucionais, os recursos humanos e tecnológicos e o público atendido.

Segundo Bacich et al. (2015), em uma proposta personalizada de ensino, o aluno pode participar ativamente e dirigir sua própria aprendizagem, o que o levaria, em princípio, a aprender mais e melhor. Dentro desse propósito existem alguns modelos, como os criados por Horn & Staker (2015), que buscam uma organização metodológica para as diferentes combinações, fazendo a integração do ensino *on-line* com o cotidiano escolar e valorizando as relações entre os envolvidos e a construção coletiva do conhecimento.

A partir de pesquisas e observações em diversas escolas, Horn & Staker (2015) propuseram quatro modelos para *blended learning*: Rotação, Flex, À la Carte e Virtual Enriquecido (Figura 3).

Figura 3 – Modelos de *blended learning*

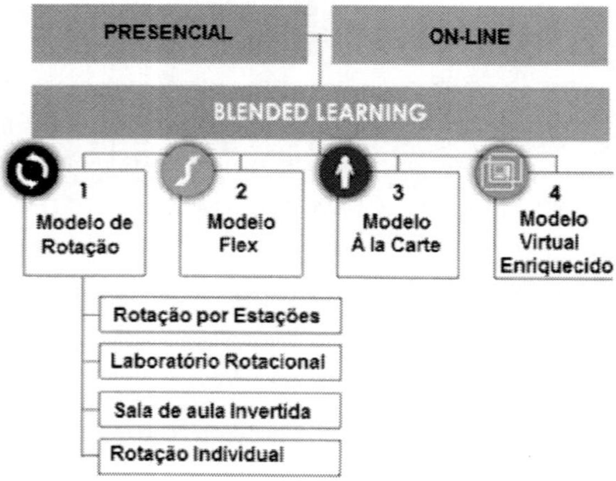

Adaptado de: Horn & Staker, 2015.

Dentre esses modelos, segundo os autores, o de Rotação é o mais atrativo para os professores, pois abrange qualquer ação didática na qual os estudantes alternem modalidades de aprendizagem. A alternância de modalidades não é uma novidade para a prática docente, visto que fazer o aluno transitar e realizar diversos tipos de tarefa é algo comum. O novo consiste na presença obrigatória do momento *on-line* no processo ensino-aprendizagem.

De acordo com Valente (2014), Bacich & Moran (2015), Staker & Horn (2012) e Horn & Staker (2015), o modelo de Rotação (1) permite ao aluno circular por diferentes modalidades de ensino. Tal modelo é dividido em quatro subgrupos, conforme Quadro 4.

Quadro 4 – Características dos subgrupos do modelo rotacional

MODELO ROTACIONAL	
Subgrupos	**Características**
Rotação por Estações	O aluno em sala de aula física, em horários fixos, circula por estações de aprendizagem com atividades individuais, em grupo, realização de pesquisas e projetos, sendo uma delas, obrigatoriamente, na forma *on-line*. Todos os grupos passam por todas as estações.
Laboratório Rotacional	O aluno circula em diversos espaços, sendo pelo menos um deles o laboratório de aprendizagem, para realizar atividades *on-line* adicionais à sala de aula ou para desenvolver práticas específicas. Os alunos trabalham individualmente, acompanhados por tutores, e devem cumprir os objetivos fixados pelo professor.
Sala de aula Invertida ou *Flipped Classroom*	Apresentam-se de forma *on-line* os conceitos, os conteúdos ou as instruções que serão estudados antes de o aluno frequentar a sala de aula. Dessa forma, a aula passa a ser o local para realizar atividades, projetos, discussões, seminários, críticas e reflexões conceitualmente mais ricas
Rotação Individual	O aluno possui uma lista das atividades para completar durante uma aula e para isso circula entre diferentes modalidades de aprendizagem, sendo pelo menos uma *on-line*. Os horários são fixos e não é necessário realizar todas as estações propostas.

Nota: Elaborado pelos autores com dados extraídos de Staker & Horn, 2012.

Em relação aos subgrupos do modelo rotacional, o de Rotação por Estações permite aos alunos trabalhar tanto na forma colaborativa quanto na forma individual, possibilitando ao professor acompanhar de perto aqueles que precisam de mais atenção. Segundo Bacich et al. (2015), trata-se de um dos modelos mais utilizados para modificar o espaço e a condução das aulas. Já o Laboratório Rotacional mantém as atividades tradicionais e utiliza o ensino *on-line* como complemento e atendimento às necessidades dos alunos. A Sala de Aula Invertida, por sua vez, é considerada uma boa opção para se iniciar o *blended learning*, devido à facilidade de sua implementação. Em contrapartida, a exigência para implantação do modelo de Rotação Individual é um pouco maior, em razão da necessidade de se elaborar um caminho para ser trilhado pelo estudante, de acordo com suas demandas particulares. Enfatiza-se que todos esses modelos valorizam as atividades colaborativas e a interação.

No modelo Flex (2), os alunos realizam, em seus próprios horários, de forma personalizada e individual, atividades em Ambientes Virtuais de Aprendizagem, com base em conteúdos e instruções. Nesse modelo existe uma variação quanto ao nível de auxílio *on-line* oferecido pelo tutor. A condução da aprendizagem é realizada predominantemente pelo ensino *on-line*, mas em alguns momentos os alunos são direcionados para atividades presenciais. O professor tutor é o professor presencial. Segundo Bacich et al. (2015), esse modelo valoriza as atividades colaborativas, porém propõe uma organização escolar que não é comum no Brasil.

Esses mesmos autores citaram a existência do projeto Âncora[1], que apresenta abordagem semelhante a esse tipo de proposta, uma vez que os alunos do ensino fundamental seguem um plano personalizado, sem organização em séries ou em anos, com grande valorização das atividades colaborativas.

O terceiro é o modelo À la Carte. Nele, o aluno pode optar por realizar uma ou mais disciplinas de forma totalmente *on-line* para complementar o curso presencial. Esse é o modelo mais comum de *blended learning*. Para Bacich et al. (2015), nesse modelo o aluno é o responsável por organizar seus estudos, com base em objetivos a serem alcançados, que são organizados de forma compartilhada com o professor. A

1 Site do Projeto Âncora: http://www.projetoancora.org.br

aprendizagem é personalizada e pode acontecer na escola, em casa ou em outro local de preferência do aluno, no momento mais oportuno.

No modelo Virtual Enriquecido (4), todos os alunos, de forma conjunta, dividem o tempo entre momentos presenciais em sala de aula e aprendizagem a distância, destacando-se que a maior parte do aprendizado ocorre nessa última modalidade. O encontro com o professor não ocorre diariamente, embora seja obrigatório para o avanço do aluno, que pode ter esse tempo customizado de acordo com seu desempenho. Conforme Bacich et al. (2015), esse modelo exige, para realização, a participação de toda a escola, e possibilita que os alunos se apresentem presencialmente apenas uma vez por semana. Sua presença também não é comum no Brasil.

Esses modelos são categorizados por Horn e Staker (2015) como inovações sustentadas e inovações disruptivas. Os modelos que compõem as inovações sustentadas buscam melhorias para a sala de aula tradicional. Sua principal característica é agregar uma nova tecnologia à antiga, para estudantes que já pertencem ao sistema de ensino. Nesse caso, as regras e os parâmetros são os mesmos da sala de aula tradicional. Uma inovação sustentada busca fazer com que uma velha situação de aprendizagem seja realizada de forma mais eficiente. Nessa categoria estão os modelos de Rotação por Estações, Laboratório Rotacional e Sala de Aula Invertida. Já os modelos disruptivos rompem com a sala de aula tradicional e buscam atender um público que não tem acesso ou não consome a aula tradicional. Os parâmetros e as regras são próprios do novo modelo, em uma métrica particular, e o avanço no conteúdo é totalmente personalizado pelo ritmo do aluno, que gerencia a própria aprendizagem. Nessa categoria estão os modelos Flex, À la Carte, Virtual Enriquecido e Rotação Individual. Uma boa maneira para entender a categorização é observar: "se os alunos estão aprendendo em um contexto híbrido e você não consegue imaginar onde está a frente da sala de aula, então ele provavelmente é um modelo disruptivo" (Horn & Staker, 2015, p. 74).

O PROCESSO ENSINO-APRENDIZAGEM NO *BLENDED LEARNING*

Em uma proposta *blended learning*, o professor atua privilegiando a diferenciação, utilizando uma multiplicidade de recursos, em ambientes organizados, capazes de mobilizar os alunos para a realização de tarefas e a interação. Segundo Lencastre (2017), esses tipos de proposta favorecem a diferenciação, pois alteram a estrutura pedagógica tradicional, criando novos espaços para ensino e centrando a aprendizagem no estudante, que atua de forma ativa. Esse autor enfatizou que os estudantes contemporâneos demandam dos professores propostas de ensino-aprendizagem centradas e customizadas para eles.

A concepção do modelo tradicional de ensino, segundo Horn e Staker (2015), carrega um ideário oposto ao da diferenciação e da customização, pois privilegia um processo padronizado, com alunos agrupados por idade e nível, no qual o professor pode ensinar o mesmo conteúdo, da mesma maneira e em um mesmo ritmo. Os autores afirmam que esse modelo é insuficiente para que as escolas possam realizar uma educação capaz de despertar todo o potencial individual dos estudantes.

Agrupar por idades ou séries não significa ter salas de aula com alunos aprendendo no mesmo ritmo ou da mesma forma, tendo em vista que cada estudante tem individualidade nas necessidades de aprendizagem.

Para aspirar sucesso na escola e na vida, Horn e Staker (2015) revelaram ser preciso enfrentar o desafio da não padronização. Nessa perspectiva, o professor atenta-se para promover um processo ensino-aprendizagem que atenda às diferentes necessidades dos alunos. Esses autores afirmaram de forma enfática que o processo educacional deve estar centrado no aluno, e que para isso uma boa estratégia seria combinar o ensino personalizado e a aprendizagem baseada na competência. Para eles, ainda, o *blended learning é* o motor dessa combinação, pois estando apoiado na tecnologia, permite a customização de conteúdo e o acesso em qualquer lugar, a qualquer tempo e em um ritmo particular de estudo. Sendo assim, pode ser planejado para as demandas educacionais particulares de grandes grupos de estudantes.

Em relação ao ensino personalizado, cabe ressaltar que existe na literatura uma diversidade de entendimentos sobre personalização e individualização. Bray e McClaskey (2014) abordaram essa discussão identificando algumas características. Para as autoras, a individualização coloca o professor no centro do processo, sendo ele o responsável por personalizar a atividade e realizar o direcionamento. Nessa perspectiva, o aluno, mesmo podendo avançar em ritmo diferente, não tem o poder de alterar o projeto da aprendizagem, no qual os objetivos são iguais para todos. Enquanto isso, na personalização, a atuação do aluno ocorre de forma ativa. É ele quem dirige sua aprendizagem, de acordo com suas preferências, sendo o responsável por escolher os caminhos, o método, o ritmo e os ambientes a serem trilhados. Nessa proposta existe incentivo para a interação entre alunos e professor.

A personalização, para Grant e Baysle (2014), aprimora a aula, pois permite ao professor maior tempo para interação com os alunos e mediação da aprendizagem. O objetivo é transformar a sala de aula em um centro de aprendizagem autodirigida, em que cada aluno é acompanhado em seus próprios caminhos de aprendizagem. Segundo esses autores, as experiências de aprendizagem altamente personalizáveis, como as permitidas pelo *blended learning*, beneficiam estudantes e professores. Porém, demandam mudanças no sistema educacional, uma vez que não constituem simplesmente um remendo em propostas educacionais fragmentadas, mas uma forma de expansão e aprimoramento da aprendizagem, independente de habilidades individuais dos alunos. Uma proposta de ensino personalizado não significa digitalizar projetos tradicionais de ensino. Antes, consiste em o aluno aprender por meio do domínio e do uso de recursos tecnológicos, juntamente com estratégias colaborativas possibilitadas pelo ambiente digital. Nesse tipo de proposta, a tecnologia é um componente facilitador que aumenta a eficiência.

O ensino personalizado aponta para propostas de aprendizagem adaptadas às particularidades "para" e "pelo" estudante. Entre elas estão o caminho, o ritmo, o tempo, o lugar, o que aprender e como aprender. Nesse contexto, a tecnologia é um facilitador que potencializa as possibilidades de aprendizagem. Para Martins (2016), nessa forma de ensino, o estudante realiza um percurso próprio de aprendizagem, porém compartilhado, auxiliado pelos envolvidos para maximizar o processo. A Figura 4 apresenta algumas das possíveis escolhas dos alunos para formar um percurso de aprendizagem em uma proposta de ensino personalizado.

Figura 4 – Percurso de aprendizagem

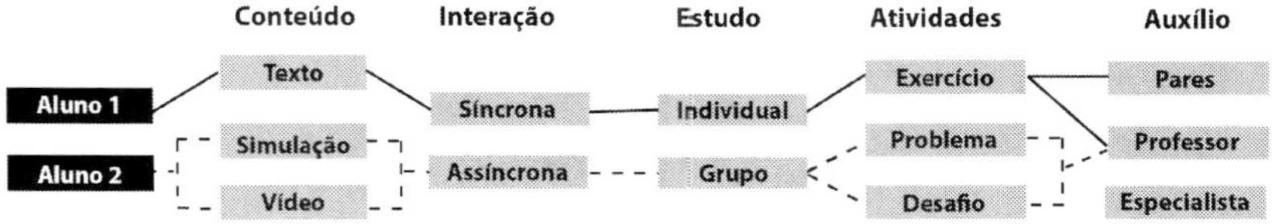

Trata-se de um contexto que atende às diferenças individuais de aprendizagem dos estudantes ao possibilitar interação, escolhas, flexibilidade de ritmo e acompanhamento para alcançar os objetivos de aprendizagem.

Em relação à aprendizagem por competência, segundo o entendimento de Butova (2015), é uma proposta que mantém a educação geral e profissional em equilíbrio com as necessidades da sociedade e do mercado de trabalho. Para Ricardo (2010), a noção de competência geralmente é associada à concepção de "aprender a aprender", mas não há uma compreensão muito precisa do que isso signifique. Para esse autor, essa imprecisão de significado, somada ao sentido prático dado aos saberes pela abordagem baseada em competências, acaba resultando em um tratamento superficial dos conteúdos escolares. De acordo com Loiola (2013), não se tem com clareza uma definição do termo no âmbito educacional brasileiro. Suas primeiras aparições foram na Lei de Diretrizes e Bases de 1996, estabelecendo competências e diretrizes para o ensino, e depois, em 1997, nos Parâmetros Curriculares Nacionais, que citaram a palavra competência(s) sem definir ou explicar suas características.

Em relação ao processo formativo por competências, Santos et al. (2013) sinalizaram que ele estimula a resolução de problemas e situações desafiadoras que mobilizam e integram os diversos conhecimentos. Para esses autores, existe o "rompimento da dicotomia teoria e prática, ou seja, passa a ser necessário o compartilhamento, a interação e a reflexão por meio da mediação de situações de aprendizagem, levando, assim, à tomada de decisões" (Santos et al. 2013, p. 48).

O tempo para se dominar uma competência pode variar, mas os objetivos estabelecidos permanecem inalterados. O mais importante em uma abordagem educacional de tal tipo é a provisão de alternativas para o aluno alcançar os objetivos. É assumida a ideia de que indivíduos diferentes aprendem de formas diferentes e estão predispostos a distintos estilos de aprendizagem. Não se busca classificar, mas criar condições para os alunos alcançarem seus objetivos, oferecendo vários caminhos para que possam escolher aquele que melhor se adapte ao seu estilo de aprendizagem (aula expositiva, vídeos, orientação de estudo, exercícios, softwares etc). (Butova, 2015).

De acordo com as argumentações de Butova (2015) e Gauthier (2015), uma abordagem educacional por competências foca no resultado da aprendizagem, tendo como base "o que" o aluno vai aprender, sem estipular um modo único "como" se dará essa aprendizagem. Segundo esses autores, trata-se de uma proposta dinâmica e que se adapta às necessidades de nossa sociedade contemporânea. Para uma proposta centrada no aluno, é importante o planejamento de ações didáticas que desafiem os participantes para além da simples operacionalização de procedimentos

CONSIDERAÇÕES FINAIS

Entende-se o *blended learning* como uma metodologia que reúne potencial para impactar a forma como conhecemos a educação, pois permite integrar didaticamente múltiplas possibilidades para constituir propostas de ensino-aprendizagem mais personalizadas ao contexto dos alunos.

A metodologia *blended learning* cria situações favoráveis para o processo ensino-aprendizagem. Entretanto, está condicionada a um planejamento criterioso para, a partir de uma base teórica que contemple uma perspectiva didática, integrar tecnologias, conteúdos e demais recursos aos momentos presenciais e virtuais, levando em consideração o contexto e as particularidades dos alunos, com atenção às demandas educacionais e institucionais. Portanto, o *blended learning*, como metodologia, vai além da simples combinação de momentos/espaços enriquecidos por tecnologia.

A organização de atividades em perspectiva didática demanda suporte de teorias/metodologias para possibilitar que os conteúdos e os recursos do ambiente virtual sejam integrados com uma lógica que favorece a atuação dos alunos. Essa integração permite a criação de um espaço qualificado para a aprendizagem, no qual as trajetórias percorridas para a resolução dos problemas/atividades sejam trilhadas com autonomia e fluidez, respeitando o conhecimento do aluno e as condições de tempo, ritmo e espaço, independentemente de a atuação acontecer dentro ou fora do horário escolar.

Vale destacar que essas múltiplas possibilidades também geram problemas, que são explicitados pela dificuldade de entendimento e/ou conceituação do termo. Alguns autores consideram que a multiplicidade é algo inerente à própria concepção do *blended leaning*. Porém, tal característica acaba resultando em uma utilização indiscriminada da metodologia, o que gera distanciamento de todo o potencial que ela carrega de impactar e mudar o contexto do ensino-aprendizagem.

REFERÊNCIAS

Alammary, Ali, Sheard, Judy, & Carbone, Angela (2014). Blended learning in higher education: Three different design approaches. *Australasian Journal of Educational Technology*, *30*(4), 440-454. https://ajet.org.au/index.php/AJET/article/download/693/1061.

Bacich, Lilian & Moran, José (2015). Aprender e ensinar com foco na educação híbrida. *Revista Pátio*, 45-47. http://www.grupoa.com.br/revista-patio/artigo/11551/aprender-e-ensinar-com-foco-na-educacao-hibrida.aspx>

Bacich, Lilian, Neto, Adolfo Tanzi, & Trevisani, Fernando de Mello (2015). *Ensino híbrido: personalização e tecnologia na educação*. Penso Editora.

Bray, Barbara & Mcclaskey, Kathleen (2014). *Personalization vs. Differentiation vs. Individualization*. https://education.alberta.ca/media/3069745/personalization-vsdifferentiationvsindividualization.pdf.

Butova, Yelena (2015). The history of development of competency-based education. *European Scientific Journal*, *11*(10). https://eujournal.org/index.php/esj/article/view/5728.

Driscoll, Margaret (2002). Blended Learning: Let's Get Beyond the Hype. *E-Learning*, *3*(3), 54. http://www-7.ibm.com/services/pdf/blended_learning.pdf.

Furletti, Saulo & Costa, José Wilson da (2018). O blended learning nos repositórios brasileiros. *Imagens da Educação*, *8*(1), 39886. http://periodicos.uem.br/ojs/index.php/ImagensEduc/article/view/39886/pdf.

Friesen, Norm (2012). *Report: Defining Blended Learning*. https://www.normfriesen.info/papers/Defining_Blended_Learning_NF.pdf.

Graham, Charles R., & Bonk, Curtis J. (2006). *The Handbook of Blended Learning: Global Perspectives, Local Designs*. San Franciso: Pfeiffer Publishing. https://www.academia.edu/563281/Blended_learning_systems_Definition_current_trends_and_future_directions.

Gauthier, Colleen (2015). *O que é educação baseada em competências?* https://www.d2l.com/pt-br/blog/author/colleen-gauthier/.

Grant, P. & Basye, D. (2014). *Personalized learning: A guide for engaging students with technology*. International society for technology in education. Washington, D.C.: ISTE

Horn, Michael B. & Staker, Heather (2015). *Blended: Usando a inovação disruptiva para aprimorar a educação*. Tradução de Maria Cristina Gularte Monteiro. Porto Alegre, RS: Penso.

Lencastre, José Alberto (2017). Educação on-line: desenhar um curso híbrido centrado no estudante. In H. M. S. Felício, C. M. R. Silva, & A. L. S. Mariano (Orgs). *Dimensões dos Processos Educacionais: da epistemologia à profissionalidade docente*. (Cap.11, pp. 209-224.). Curitiba: Editora CRV.

Loiola, L. de M. (2013). Breve Histórico do Termo Competência. *Revista HELB,1*(7). http://www.helb.org.br/index.php/revista-helb/ano-7-no-7-12013.

Martins, Lilian Cassia Bacich (2016). *Implicações da organização da atividade didática com uso de tecnologias digitais na formação de conceitos em uma proposta de Ensino Híbrido*. 317f. Tese (Doutorado). Instituto de Psicologia, Universidade de São Paulo, São Paulo.

Moran, José Manuel (2015). Mudando a educação com metodologias ativas. In C. A. Souza & O. E. T. Morales (Orgs). *Coleção Mídias Contemporâneas. Convergências Midiáticas, Educação e Cidadania: aproximações jovens*. (v. 2, pp.15-33). Ponta Grossa: UEPG/PROEX. http://www2.eca.usp.br/moran/wp-content/uploads/2013/12/mudando_moran.pdf.

Oliver, Martin & Trigwell, Keith (2015). Can 'blended learning' be redeemed? *E-learning and Digital Media, 2*(1), 17-26. http://ldm.sagepub.com/content/2/1/17.full.pdf+html.

Pelissoni, Adriane Martins Soares (2016). *Eficácia de um programa híbrido de promoção da autorregulação da aprendizagem para estudantes do ensino superior*. 211f. Tese (Doutorado). Faculdade de Educação, Universidade Estadual de Campinas, Campinas.

Ricardo, Elio Carlos (2010). A discussion about learning competences: problems and alternatives. Cadernos de pesquisa, 40(140), 605-628. http://www.scielo.br/scielo.php?pid=S0100-15742010000200015&script=sci_arttext.

Rodrigues, L. A. (2010). Uma nova proposta para o conceito de blended learning. *Interfaces da educação, 1*(3), 5-22. http://periodicosonline.uems.br/index.php/interfaces/article/view/628.

Santos, Luciana Aparecida, Gonçalves, Patrícia Passos, & Mattar, João (2013). Personalização da aprendizagem em cursos massivos online. *Tecnologia Educacional*, 203, 53-53. http://abt-br.org.br/wp-content/uploads/2017/03/203.pdf.

Staker, Heather, & Horn, Michael B (2012). *Classifying K-12 blended learning*. Innosight Institute. http://www.christenseninstitute.org/wp-content/uploads/2013/04/Classifying-K-12-blended-learning.pdf.

Tori, Romero (2010). *Educação sem distância: as tecnologias interativas na redução de distancias em ensino e aprendizagem*. São Paulo: Editora SENAC São Paulo.

Valente, José Armando (2014). Blended learning e as mudanças no ensino superior: a proposta da sala de aula invertida. *Educar em Revista*, (Spe4), 79-97. http://www.scielo.br/scielo.php?script=sci_abstract&pid=S0104-40602014000800079&lng=pt&nrm=iso&tlng=en.

TDIC E EAD: REFLEXÕES SOBRE A INCLUSÃO DA PESSOA COM CEGUEIRA NO AMBIENTE VIRTUAL

Sandra Andrade de Castro

INTRODUÇÃO

Com o surgimento da informática, os homens mudaram radicalmente seu comportamento e pensamento sobre concepções como espaço e tempo. Domina a necessidade da rapidez e do imediatismo, e as informações circulam pelos computadores e outros dispositivos eletrônicos em tempo real (Grossi, Santos, & Costa, 2015).

A utilização desses equipamentos tem aumentado de maneira significativa, fazendo surgir as Tecnologias Digitais da Informação e Comunicação (TDIC) como instrumentos de circulação das informações, sendo ferramentas em contínua transformação (Costa & Paim, 2004). A evolução das TDIC tem ampliado a percepção de mundo, modificando as linguagens e propondo novos padrões éticos e de apreensão da realidade (Araújo, 2009).

Segundo Aretio (2012), podem-se perceber mudanças ocorridas em nossa sociedade imersa nas TDIC:

- muitas ações são realizadas a distância, não necessitando da presença física das pessoas, como estudar, realizar compras, fazer escolhas e dar opiniões sobre algum assunto;
- a comunicação pode ser feita de maneira imediata ou não, isto é, por meios síncronos e assíncronos;
- a transmissão de informação é dinâmica, constante e rápida, com abundância de conteúdo disponível;

- os avanços tecnológicos, com a praticidade e a facilidade no uso das ferramentas, além do barateamento de seu custo, tornam possível a presença das TDIC nos diversos ambientes – entretenimento, familiar e profissional;
- a criação e a disseminação de relações sociais virtuais, principalmente através das redes sociais;
- a utilização predominante de conteúdo virtual em detrimento do material impresso.

Mediante esse contexto, é importante pensar sobre a relação das TDIC e a Educação, inclusive na modalidade a distância – EaD, bem como refletir sobre a situação das pessoas com cegueira, ressaltando as tecnologias assistivas disponíveis e as barreiras encontradas por elas no acesso à *web*.

A EDUCAÇÃO E AS TDIC

Dentre as várias áreas influenciadas pelas TDIC, destaca-se a Educação, que precisa acompanhar a evolução e a aplicabilidade das tecnologias, podendo agregar recursos ao processo ensino-aprendizagem (Costa, Grossi, & Guimarães, 2013). As TDIC intervêm no contexto escolar, exigindo o surgimento de novos ambientes de aprendizagem, provocando mudanças posturais dos atores envolvidos no processo educacional – professores e alunos (Santos & Costa, 2015). Os professores são desafiados a oferecer novas formas de aprendizagem, novas lógicas, competências e sensibilidades, tendo ainda papel importante no processo ensino-aprendizagem (Araújo, 2009).

Costa e Mattos (2013) afirmam que várias estratégias têm sido executadas para a introdução das TDIC na área educacional, entre elas a utilização do computador para interações entre os alunos, desenvolvimento e apresentação de pesquisas e trabalhos acadêmicos e atividades diversas propostas no ensino presencial e a distância. Todos os recursos tecnológicos devem ser empregados, contudo, sua aplicabilidade no processo educativo precisa otimizar a aprendizagem com a utilização das ferramentas, sem o prejuízo do foco no ponto de vista pedagógico (Valente, 1997).

Os recursos tecnológicos vêm adentrando a vida diária e facilitando o acesso das pessoas a informação, formas de lazer e relacionamento pessoal e social; porém, os mesmos precisam ser inclusivos, com utilização autônoma e independente, e não excludentes. Silva (2012) destaca que as pessoas com deficiência precisam se sentir inseridas na sociedade, podendo acessar recursos na *web* e participar de cursos a distância.

Na perspectiva da educação inclusiva, os recursos tecnológicos são de fundamental importância, pois podem ser utilizados como instrumento facilitador da aprendizagem. Nesse sentido e considerando a acessibilidade tecnológica para todos, é preciso refletir sobre a existência de recursos para que as pessoas com deficiência visual possam usufruir das inovações, considerando que muitos contextos são estritamente visuais, como ícones e imagens. As TDIC necessitam de diversas adaptações e criações que viabilizem o acesso às informações e a concretização da inclusão digital.

Assumpção e Mori (como citado em Grossi, Santos, & Costa, 2015) afirmam que a inclusão digital:

> torna-se fator predominante para o estabelecimento de uma nova cidadania que possibilita o aumento de empregabilidade, conscientização dos consumidores para os novos tipos de bens e serviços, mas sobretudo é condição para o desenvolvimento das comunidades e a resolução de seus problemas da participação e autonomia críticas para mudanças nas práticas políticas (Assumpção, Mori como citado em Grossi, Santos, & Costa, 2015)

Na Educação, as TDIC precisam trazer benefícios para todos, inclusive para essa população específica. Para isso, contudo, a primeira atitude a ser praticada é conceber a deficiência como diferença e não como limitação (Sonza, 2004).

A acessibilidade na *Internet* está associada à eliminação de obstáculos que impeçam as pessoas com deficiência de navegar em *sites*, podendo "perceber, entender, navegar, interagir e contribuir para a *web*" (W3C Brasil, 2013, p. 10). Em relação à cegueira, é definida a acessibilidade quando a pessoa utiliza programas leitores de tela no computador, navegando sem dificuldade, preenchendo formulários, acionando botões por meio de comandos do teclado e acessando informações das imagens através de textos descritivos (W3C Brasil, 2013).

Melo, Almeida e Santana (2009) definem a acessibilidade na *web* como o fato de tornar todas as pessoas habilitadas a visitar qualquer *website*, com possibilidade de colher informações e interagir com o ambiente. Para tal, é preciso considerar as diferentes características dos usuários, as tecnologias de acesso utilizadas e a influência do ambiente físico no momento da interação.

É necessário promover ações que viabilizem a construção de ambientes virtuais inclusivos para que a *web:* 1) seja acessível a pessoas com preferências e habilidades diferentes; 2) seja de fácil compreensão para pessoas com variados níveis de conhecimento; 3) considere a diversidade das pessoas; 4) diminua as consequências de ações involuntárias; e 5) possa ser utilizada de maneira eficaz com mínimo de esforço (Santarosa, 2010).

Em relação a EaD e a cursos acessíveis em plataformas virtuais, Silva (2012) aponta que a instituição educacional precisa estar comprometida com a acessibilidade digital e com o acompanhamento e a avaliação de funcionamento, possibilitando a aprendizagem e a interação das pessoas envolvidas. Quando se pensa em acessibilidade, pode-se entender que o benefício está restrito às pessoas com deficiência. Contudo, os demais alunos também podem aprender ao conviver com a diversidade, percebendo a necessidade de mudança de atitude para a superação de barreiras, como descrever textualmente as imagens e animações ou utilizar linguagem que favoreça a participação de todos.

O autor conclui que, com o avanço das TDIC, ocorre a criação de Ambiente Virtual de Ensino-Aprendizagem (AVEA), com vários recursos de interação e comunicação, com destaque para a ênfase na acessibilidade das plataformas de aprendizagem, incorporando recursos que viabilizam o acesso das pessoas com deficiência. Os cursos a distância precisam ser formulados com propostas pedagógicas que envolvam interação, cooperação e colaboração do grupo, por profissionais como pedagogos, conteudistas, tutores, redatores, equipe de suporte técnico e *designers* da instituição. Para realizar essa tarefa, é necessário que se conheçam os recursos do AVEA e o perfil dos usuários, para que se possam adequar as tecnologias de forma que os alunos consigam interagir e compartilhar informações nesses ambientes. A inclusão escolar no contexto virtual corrobora a aprendizagem do conteúdo das pessoas envolvidas no processo, mas extrapola essa proposta quando promove a convivência com a diversidade.

Muitas são as possibilidades de adaptações para o cotidiano das pessoas com deficiência. Entre elas, estão as tecnologias assistivas: "recursos e serviços que visam a facilitar o desenvolvimento de atividades da vida diária por pessoas com deficiência, procurando aumentar as capacidades funcionais e promover a autonomia e independência de quem as utiliza" (Melo, Almeida, & Santana, 2009, p. 113), na área de estudo, trabalho e lazer.

No aspecto educacional, um grande desafio é pensar a inserção da pessoa com cegueira na EaD, cujo contexto utiliza diferentes tecnologias, inclusive as virtuais, que proporcionam soluções de aprendizagem que ultrapassam os modelos tradicionais.

EDUCAÇÃO A DISTÂNCIA

Na EaD, assim como na educação em geral, fazem-se necessárias diferentes abordagens e estratégias para que ocorra a transmissão de informação disponível on-line de maneira que possibilite a construção de conhecimento (Valente, 2011). O simples fato de o estudante navegar e acessar a informação não garante a aprendizagem, que necessita da interação com outras pessoas, as quais podem auxiliar no processo de compreensão e de construção do conhecimento. É importante criar ambientes de aprendizagem nos quais ocorra a transmissão da informação com significação, bem como a apropriação do conhecimento (Valente, 2013).

Os estudos de Behar e Silva (2012) discutem sobre a nova identidade – aluno virtual –, discriminando as competências necessárias para auxiliá-lo no processo ensino-aprendizagem: 1) administração do tempo; 2) fluência digital; 3) autonomia; 4) comunicação; 5) autoavaliação; 6) automotivação; 7) reflexão; 8) organização; 9) planejamento; 10) presencialidade virtual; 11) flexibilidade; e 12) trabalho em equipe. Apesar de o público-alvo dessa pesquisa não ter sido constituído de pessoas com deficiência, foi levado em consideração que as competências devem ser similares ou próximas às necessárias para as pessoas com cegueira. As características de cada competência estão descritas no quadro 1.

QUADRO 1 – Competências do aluno virtual

	ADMINISTRAÇÃO DO TEMPO
Competência	É pautada no cumprimento da agenda, em conciliar compromissos para a gestão das atividades, atingindo prioridades, metas e objetivos.

	REFLEXÃO
Competência	Está baseada na abstração para refletir e analisar criticamente situações, atividades e modos de agir.

Competência	**FLUÊNCIA DIGITAL**	Está ligada à utilização da tecnologia, de modo que o sujeito se sinta digitalmente ativo/participante dos avanços tecnológicos.
Competência	**ORGANIZAÇÃO**	Relaciona-se com a ordenação, a estruturação e a sistematização de atividades, materiais e grupos.
Competência	**AUTONOMIA**	Significa ser governado por si mesmo, sendo o oposto de heteronomia, quando uma pessoa é governada por outra.
Competência	**PLANEJAMENTO**	Baseado no estabelecimento de prioridades, metas e objetivos, sendo consideradas também as condições necessárias para criação de situações e aplicação de estratégias de aprendizagem.
Competência	**COMUNICAÇÃO**	Está fundamentada na clareza e na objetividade da expressão oral, gestual e escrita.
Competência	**PRESENCIALIDADE VIRTUAL**	Tem relação com a presença no ambiente virtual através da interação com os colegas e da realização das atividades.
Competência	**AUTOAVALIAÇÃO**	Trata-se da compreensão acerca do desenvolvimento do próprio processo de ensino- aprendizagem a fim de colaborar ou avaliar as atividades propostas.
Competência	**FLEXIBILIDADE**	Consegue lidar com diferentes necessidades, examinando e interpretando as possibilidades de ações, bem como mudanças de opinião e atitudes.

	AUTOMOTIVAÇÃO		TRABALHO EM EQUIPE
Competência	Estabelece as condições para manter a motivação entre pares e consigo mesmo, sendo um facilitador dos processos. Da mesma forma, ser capaz de acolher as dificuldades do outro, incentivando-o a permanecer e concluir uma atividade, sendo ativo e participativo. Ser capaz de lidar com as próprias dificuldades.	Competência	O trabalho em equipe contempla as relações intra e interpessoal, as quais permitem ao sujeito expressar e comunicar, de modo adequado, seus sentimentos, desejos, opiniões e expectativas. Além disso, evidencia condutas interpessoais, destreza para interagir com outras pessoas de forma socialmente aceitável e valorizada, podendo, assim, trazer benefícios aos participantes nos momentos de interação.

Fonte: Adaptado de Behar & Silva, 2012.

Menezes (2010) aponta que a EaD pode ser uma oportunidade para a educação das pessoas com deficiência, possibilitando o enfrentamento de obstáculos como comunicação, informação e trânsito em centros urbanos e facilitando a acessibilidade. Para que a oportunidade seja efetiva, as instituições de ensino precisam estar conscientes e atentas para promover a acessibilidade necessária e específica para cada tipo de deficiência.

Ao utilizar o termo EaD, estaremos embasados no conceito de Moore e Kearsley (2008) que afirmam ser este:

> o aprendizado planejado que ocorre normalmente em um lugar diferente do local do ensino, exigindo técnicas especiais de criação do curso e de instrução, comunicação por meio de várias tecnologias e disposições organizacionais e administrativas especiais organizacionais e administrativas especiais (Moore & Kearsley, 2008, p. 2).

Os autores sugerem que a EaD pressupõe quatro características, sendo um formato de estudo com: a) aprendizado e ensino; b) aprendizado planejado e intencional; c) aprendizado em lugar diferente do convencional; e d) comunicação através de tecnologias.

Menezes (2010) considera que a EaD é uma possibilidade para atender à demanda de pessoas com interesse na educação superior e que não possuem condições de frequentar o curso presencial em virtude de situações como residência em locais isolados e distantes, incompatibilidade de horário para estudar devido à jornada de trabalho ou algum tipo de necessidade especial, pois a referida modalidade oferece acesso a aulas e tecnologias digitais e dispensa a locomoção contínua.

Ao refletir sobre a inclusão na EaD, a autora sugere que esse tipo de ensino pode ser a oportunidade de educação superior para pessoas com deficiência, pois possibilita "a superação de barreiras de comunicação, linguagem oral, informação, barreiras dos centros urbanos, facilitando para esses sujeitos a acessibilidade" (Menezes, 2010, p. 10), enfatizando a necessidade de as instituições oferecerem um ensino de qualidade e acessibilidade para cada tipo de deficiência. A EaD proporciona ao aluno flexibilidade nos horários do estudo e, consequentemente, autonomia e organização próprias. Para Menezes (2010), o ritmo da aprendizagem individual é respeitado, considerando a experiência e o conhecimento que o aluno tem e sua forma particular de aprender. Em concordância, Rezende (2009) reconhece na EaD uma oportunidade de formação específica, para as pessoas com deficiência, através das várias estratégias pedagógicas e tecnológicas que a modalidade oferece.

Nesse sentido, destaca-se a importância de recursos de acessibilidade na EaD para viabilizar à pessoa com cegueira a aprendizagem, como tratado no próximo item.

TDIC E A PESSOA COM CEGUEIRA

Em relação à pessoa com cegueira, o que foi alterado com o uso das TDIC? Primeiramente, é importante identificar alguns dos recursos tecnológicos disponíveis para a Educação e para o cotidiano da pessoa com deficiência visual – cegueira e baixa visão.

Entre as várias tecnologias brasileiras disponíveis relacionadas à Educação, estão:

- Livro falado
- Livro formato digital Daisy ou Mecdaisy
- Ubook
- Linha Braille
- Impressoras Braille
- Aplicativos de acessibilidade para iOS e Android
- Mesa Educacional Alfabeto com recursos em Braille
- Leitores de tela

O primeiro livro falado "O Coronel e o Lobisomem" foi gravado na década de 70, pelo ator Estênio Garcia. Posteriormente, a Fundação Dorina Nowill ampliou essa possibilidade, gravando e distribuindo diversas obras literárias gravadas, o que foi imensamente disseminado pelo Brasil (Pereira, 2009). Na opinião de Pereira (2009), apesar do livro falado ser importante e considerado um avanço tecnológico, o mesmo não supera a leitura tátil.

Várias obras literárias no formato digital Daisy (abreviação para Sistema Digital de Acesso à Informação) ou Mecdaisy estão sendo disponibilizadas aos alunos cegos, permitindo o estudo interativo com o livro digital, "podendo pausar, pular ou retornar às páginas e capítulos, anexar anotações aos arquivos da obra e exportar o texto para impressão em Braille" (Cardoso, 2010).

O Ubook é uma audioteca com vários gêneros literários. É um aplicativo para iOS ou Android, comercializado por uma empresa carioca, que disponibiliza audiolivros que podem ser salvos, com a possibilidade de compartilhar trechos nas redes sociais (Bersot, 2015).

A linha Braille é um equipamento com um conjunto de células que vão formando os caracteres em Braille como um computador de mão provido de portas USB, podendo fazer uma representação tátil do que está nos arquivos ou na tela do computador (Giareta, 2004).

Com a expansão de utilização dos computadores nos dias de hoje, as pessoas com deficiência tiveram a agilidade no acesso aos textos. Porém para que os mesmos sejam impressos, necessita-se do equipamento que produz o texto tátil sobre o papel - Impressoras Braille. Tal equipamento é muito oneroso, porém tem se tornado um pouco mais acessível para as instituições de ensino, apesar de ainda serem de alto custo (Borges; Chagas Júnior, 2002)

Os aplicativos de acessibilidade para iOS e Android atualmente são incontáveis. Existem os leitores de tela para os cegos – VoiceOver e TalkBack, e a possibilidade de ajustar zoom, fontes ou inverter as cores e escala de cinza para as pessoas com baixa visão. Além desses recursos básicos, o RunKeeper auxilia na prática de esportes pois tem um assistente que tem um GPS e descreve os exercícios físicos. Num processo de interação entre videntes e pessoas com deficiência visual, o Be My Eyes é uma rede social que possibilita através de vídeo chamadas que outra pessoa descreva o que vê na tela, "emprestando a visão" (Bersot, 2015)

A Mesa Educacional Alfabeto possui recursos de acessibilidade para pessoas com deficiência. Através do encaixe de blocos coloridos e com etiquetas em Braille, a criança realiza atividades, individualmente ou em grupo, que auxiliam no processo de alfabetização e letramento na aprendizagem da matemática e na socialização, usando animações, vídeos, recursos sonoros, materiais em Braille, tornando o aprendizado mais natural e divertido (Antunes, 2014).

Os equipamentos de informática se tornaram acessíveis à pessoa com deficiência visual, tanto com cegueira como para baixa visão. No caso da pessoa com cegueira, os softwares - leitores de tela viabilizaram a acessibilidade aos ambientes virtuais, tais como DOSVOX, VIRTUAL VISIO, JAWS, NVDA. O usuário pode ler e escrever textos, navegar na internet e vários outros recursos tecnológicos, pois os programas interpretam o que está na tela, pronunciando o que está sendo executado (Giareta, 2004). Apesar de algumas limitações desses softwares, os mesmos são facilitadores de acesso ao computador promovendo a independência e autonomia das pessoas com deficiência visual, incluindo-as nos ambientes digitais (Sonza & Santarosa, 2003).

Essas e outras tecnologias contribuem para a inclusão social da pessoa com deficiência visual, sendo importante conhecê-las e divulgá-las, tornando-as acessíveis a todos. Mediante a lista dos principais recursos disponíveis, pode-se viabilizar, ou até mesmo, potencializar a aprendizagem das pessoas com deficiência visual. Esse conhecimento é de suma importância para as Instituições Educacionais que se preocupam com a inclusão das pessoas com deficiência visual.

Conhecendo alguns recursos disponíveis, pode-se refletir sobre o cotidiano das pessoas com cegueira e a utilização da TDIC. De maneira geral, percebe-se um entrave na comunicação entre as pessoas cegas que utilizam o Sistema Braille e aquelas com as quais elas convivem, que, em sua maioria, desconhecem o código. Uma das mudanças que a tecnologia proporcionou está na proximidade de comunicação entre as pessoas com cegueira e as videntes: "um cego agora pode escrever e ser lido e ler o que os outros escreveram" (Borges, 1998, p. 2). Com as TDIC, um texto digital é acessível a ambos os grupos, rompendo as barreiras antes existentes.

Outra vantagem é a eliminação da necessidade da locomoção. Quantas atividades podem ser feitas utilizando-se a tecnologia, dispensando-se a ida ao local? Ressalta-se que a locomoção da pessoa com cegueira é sempre estimulada, no intuito de ela obter uma maior independência e segurança (Santos & Castro, 2013). Porém, por diversas vezes, a pessoa com cegueira enfrenta dificuldades em sua locomoção – passeios sem piso tátil ou instalados de maneira incorreta, buracos ou irregularidades no piso, necessidade de auxílio para atravessar as ruas –, o que pode dificultar seu deslocamento para satisfazer alguma necessidade. Com a tecnologia, a pessoa pode optar por resolver suas demandas sem precisar sair de casa e enfrentar as barreiras do trajeto.

Numa interação social virtual, o distanciamento físico pode ser benefício no sentido de não revelar de maneira explícita e imediata a limitação visual da pessoa (Borges, 1998). Tal situação diminui a possibilidade de estigmatização do indivíduo, incapacitando-o para além de suas limitações.

Para Melo, Costa e Soares (2006), no contexto da *web* e especificamente para as pessoas com cegueira, as tecnologias assistivas, entre outras, são:

- ampliadores de telas: ampliam e modificam cores na tela para melhoria da leitura e percepção de imagens, no caso das pessoas com baixa visão;
- programas de reconhecimento de voz: possibilitam o acionamento dos programas de computador pela voz, podendo ser utilizados por pessoas que tenham dificuldade no uso do mouse ou teclado;
- leitores de telas: leem os conteúdos textuais através de sintetizadores de voz, permitindo o acesso a conteúdos às pessoas com dificuldade de leitura. Os leitores de tela mais utilizados atualmente são DOSVOX, VIRTUAL VISION, JAWS, NVDA. O usuário pode ler e escre-

ver textos, navegar na internet e lançar mão de vários outros recursos tecnológicos, pois os programas interpretam o que está na tela, pronunciando o que está sendo executado (Giareta, 2004). Apesar de algumas limitações, os *softwares* são facilitadores de acesso ao computador, promovendo a independência e a autonomia das pessoas com deficiência visual e incluindo-as nos ambientes digitais (Sonza & Santarosa, 2003). Para o aproveitamento das ferramentas disponíveis, é necessário que o sujeito tenha domínio da técnica e conhecimentos básicos na área de informática.

Apesar da existência das tecnologias assistivas, as pessoas com deficiência visual encontram dificuldades de autonomia e independência no ambiente virtual. Francisco (2008), ao estudar em Lisboa, descreve os cenários e as barreiras enfrentadas por essa população em relação ao acesso à *web*, expostos no quadro 2:

QUADRO 2 – Cenários e barreiras das pessoas com deficiência visual no acesso à *web*

CENÁRIO	BARREIRAS NA *WEB*
Perda total da visão em ambos os olhos	· imagens sem texto alternativo; · gráficos e imagens complexas indevidamente descritas; · imagens dinâmicas sem audiodescrição ou sem texto complementar; · formulários e tabelas complexas que não permitem uma leitura linear ou perdem o sentido; · *frames* sem nomes ou com nomes imperceptíveis; · ferramentas de autor ou *browsers* que não utilizam programas ou aplicações com interface normalizada, dificultando a leitura e a interpretação ao leitor de tela.
Visão reduzida, visão pouco nítida ou desfocada, redução do campo de visão	· tamanho de texto pequeno que não permite ampliação; · dificuldade de navegação quando a tela é ampliada; · texto colocado como imagem, que pode perder a definição quando é ampliado.
Falta de sensibilidade a algumas cores	· texto destacado apenas pela cor; · baixo ou inadequado contraste entre texto e fundo; · *browsers* ou aplicações que não permitem personalização ou não suportam ferramentas de alto.

Fonte: Francisco (2008, p. 52).

Apesar de o trabalho ter sido realizado em Portugal, as conclusões indicam as barreiras de maneira muito clara, dados esses que podem ser inferidos também para a população brasileira.

Silva (2012) afirma que a validação da acessibilidade do curso deve ser feita pela própria pessoa com cegueira e através de programas validadores. Quando a pessoa vidente realiza uma adaptação de material, para ela pode estar clara a informação, uma vez que utiliza também a visão, porém os dados podem não estar compreensíveis para a pessoa com cegueira, que deve avaliar e expressar suas opiniões sobre a disponibilidade e a acessibilidade do material e das informações apresentadas.

Alan Ghelardi (como citado em Figueredo, 2012), pertencente à população com deficiência visual, descreve que, além de as pessoas com cegueira enfrentarem a falta de sentido para absorção das informações, muitas vezes os professores estão habituados à utilização de recursos visuais para transmitir o conhecimento e nem sempre recebem preparo para atender às necessidades das pessoas com deficiência. Porém, a partir de sua experiência pessoal, ele aponta que, com boa vontade, é possível superar as dificuldades. Com o apoio de outros alunos, dos professores e da família, as pessoas com cegueira conseguem transpor barreiras criadas pela falta de estratégias pedagógicas mais adequadas.

Ressalta-se que é importante ter boa vontade para superar as barreiras de aprendizagem das pessoas com deficiência e para colocar em prática e efetivar as inúmeras legislações e orientações da educação inclusiva. As pessoas envolvidas no processo precisam ser empáticas e engajadas com a promoção de uma educação para todos, movendo ações e mudanças que viabilizem a superação das dificuldades, não simplesmente para o cumprimento legal das normativas atuais. Contudo, é lógico que não basta ter boa vontade para a efetivação da inclusão; é necessário, entre outros fatores, ter políticas públicas respeitadas, e proporcionar capacitação dos profissionais envolvidos na busca de ferramentas para uma atuação consciente e mais assertiva.

CONSIDERAÇÕES FINAIS

O contexto educacional tem vivenciado inúmeras evoluções e mudanças significativas ao longo do tempo, entre elas a influência das TDIC no processo ensino-aprendizagem. Aponta-se que os recursos tecnológicos disponíveis devem proporcionar a otimização da aprendizagem e não simplesmente serem utilizados de maneira isolada como ferramenta didática, sendo necessário planejar com objetivo educacional específico.

A educação inclusiva é uma ação política, cultural, social e pedagógica, com destaque na prática da equidade de condições e oportunidades, garantindo a Educação para Todos. Considerando que sempre há o que se aprender, é preciso focar nas potencialidades da pessoa com deficiência e não em suas limitações, oferecendo espaços de aprendizado que valorizem sua autonomia e interesses. Adotar uma postura inclusiva é um desafio no contexto tradicional e na modalidade de estudo a distância, inclusive nos momentos de utilização dos recursos tecnológicos.

Ao relacionar TDIC com a população com cegueira, ressalta-se ser imprescindível uma atenção especial às necessidades dos educandos. No intuito que a inclusão se concretize plenamente, todos devem estar juntos, participar efetivamente das atividades e adquirir conhecimentos através do desenvolvimento de suas potencialidades, sem discriminação. Para isso, algumas adaptações precisam ser feitas para que as pessoas com cegueira tenham acessibilidade com autonomia e independência em momentos de utilização dos recursos tecnológicos e nos ambientes virtuais de aprendizagem.

REFERÊNCIAS

Antunes, Juliana. (2014 novembro 14). Mesa educacional alfabeto. *Tecnologia educacional*. Recuperado de https://tecnologia.educacional.com.br/tecnologia-educacional/mesa-educacional-alfabeto/.

Araújo, J. A. L. F. B. de. (2009). *Educação On-line:* um estudo sobre o blended learning na formação pós-graduada a partir da experiência de desenho, desenvolvimento e implementação de um protótipo Web sobre a imagem Tese (Doutorado). Universidade do Minho, Instituto de Educação e Psicologia, Braga, Portugal. Recuperado de http://repositorium.sdum.uminho.pt/handle/1822/9894.

Aretio, G. (2012). *De la escuela que no quería a los nuevos retos educativos II*. Recuperado de http://aretio.blogspot.com.es/2012/05/de-la-escuela-que-no-queria-losnuevos_06.html#.T6lUn1yVfHo.twitter.

Behar, P. A., & SILVA, K. K. A. da. (2012). Mapeamento de competências: um foco no aluno da Educação a Distância. *Novas Tecnologias na Educação, 10*(3). Recuperado de https://www.seer.ufrgs.br/renote/article/view/36395/23504.

Bersot, C. (2015). *Cinco tecnologias para ajudar pessoas com deficiência visual.* Recuperado de http://www.techtudo.com.br/listas/noticia/2015/04/cinco-tecnologias-para-ajudar-pessoas-com-deficiencia-visual.html.

Borges, J. A. S.,& Chagas Júnior, G. J. F. (2002). *Impressão Braille no Brasil: o papel do Braivox*, Braille Fácil e Pintor Braille. Recuperado de *intervox.nce.ufrj.br/dosvox/textos/simposiobraille.doc.*

Borges, J. A. (1998). DOSVOX: uma nova realidade educacional para deficientes visuais. *Revista Benjamin Constant*. Recuperado de http://cmapspublic.ihmc.us/rid=1071924115708_1721100387_2057/artfoz.doc.

Cardoso, R. (2010, outubro 22). É o fim do Braille? Tecnologias facilitam acesso dos cegos ao conhecimento, mas os afastam da leitura pelo tato. *Isto é*, 2137. Recuperado de https://istoe.com.br/107318_E+O+FIM+DO+BRAILLE+/.

Costa, J. W., Grossi, M. G. R., & Guimarães, M. B. M. (2013). Concepção construtivista permeada pelo uso de tecnologias: um estudo de caso. *Revista Ibero-Americana de Estudos em Educação, 8*, 378-393. Recuperado de http://piwik.seer.fclar.unesp.br/iberoamericana/article/view/5707/0.

Costa, J. W., & Mattos, M. J. V. M. (2013). Utilização de recursos da web 2.0 por professores de Graduação no processo ensino-aprendizagem. In: Valle, L. E. L. R., Mattos, M. J. V. M., & COSTA, J. W. *Educação digital: a tecnologia a favor da inclusão*. Porto Alegre: Penso.

Costa, J. W., & Paim, I. Informação e conhecimento no processo educativo. In: Costa, J. W., & Oliveira, M. A. M. (Orgs.). (2004). *Novas Linguagens e novas tecnologias: educação e sociabilidade*. Petrópolis: Vozes.

Figueredo, J. W. (2012). DV em Destaque. Contraponto, *Jornal Eletrônico da Associação dos ex-alunos do Instituto Benjamin Constant*, *7*. Recuperado de http://exaluibc.org.br/contraponto/contraponto_05_2012.rtf

Francisco, M. M.A. S. (2008). *Contributos para uma educação online inclusiva: estudo aplicado a casos de cegueira e baixa visão* (Dissertação de Mestrado). Universidade Aberta, Ciências da Educação - Especialidade em Pedagogia do E-learning, Lisboa, Portugal. Recuperado de https://repositorioaberto.uab.pt/bitstream/10400.2/1273/1/TMPEL_MMFrancisco.pdf.

Giareta, L. A. S. (2004). *O papel da tecnologia assistiva na inclusão digital dos portadores de deficiência visual*. In: Simpósio Internacional de Ciências Integradas da UNAERP Campus Guarujá, Guarujá, São Paulo, Brasil, 1. Recuperado de http://www.unaerp.br/sici-unaerp/edicoes-anteriores/2004/secao-3/836-o-papel-da-tecnologia-assistiva-na-inclusao-digital-dos-portadores-de-deficiencia-visual/file.

Grossi, M. G., Santos, A. J., & Costa, J. W. (2015) Inclusão sociodigital: a implantação do Proinfo em Minas Gerais. Conjectura: Filos. *Educ. Caxias do Sul, 20*(2). Recuperado de *http://www.ucs.br/etc/revistas/index.php/conjectura/article/view/2441/pdf_426.*

Melo, A. M., Almeida, L. D. A., & SANTANA, V. F. (2009) In: Mantoan, M. T. E., Baranauskas, M. C. C. (Orgs.). *Atores da inclusão na universidade: formação e compromisso*. Campinas: UNICAMP/Biblioteca Central Cesar Lattes. Recuperado de http://eurydice.nied.unicamp.br/portais/todosnos/nied/todosnos/artigos--cientificos/atores-da-inclusao-na-universidade-formacao-e-compromisso/atores-da-inclusao-na-universidade-formacao-e-compromisso.pdf_icon.pdf.

Melo, A. M., Costa, J. B., & Soares, S. C. M. (2006) Tecnologias Assistivas. In: Pupo, D. T.; Melo, A. M. & Ferrés, S.P. (Orgs.). *Acessibilidade: discurso e prática no cotidiano das bibliotecas*. Campinas: Unicamp/Biblioteca Central Cesar Lattes. Recuperado de http://eurydice.nied.unicamp.br/portais/todosnos/nied/todosnos/artigos-cientificos/livro_acessibilidade_bibliotecas.pdf.1.pdf.

Menezes, S. A. B. (2010). *A democratização do ensino superior e a inclusão de pessoas com deficiência: algumas reflexões para a educação a distância*. In: Congresso Internacional ABED de Educação a Distância. Resumo dos trabalhos. Foz do Iguaçu, Paraná, Brasil, 10. Recuperado de http://www.abed.org.br/congresso2010/cd/252010200324.pdf.

Moore, M. G., & Kearsley, G. (2008). *Educação a distância: uma visão integrada*. São Paulo: Cengage Learning. Recuperado de https://s3.amazonaws.com/academia.edu.documents/32324997/MOORE__Michael__KEARSLEY__Greg_educacao_a_distancia___uma_visao_integrada.pdf?AWSAccessKeyId=AKIAIWOWYYGZ2Y53UL3A&Expires=1516194627&Signature=RO2bZzOFPI5wzrDKH5RZhcH7r34%3D&response-content-disposition=inline%3B%20filename%3DUma_Visao_Integrada.pdf.

Pereira, D. S. (2009 abril 15). *Importância da Leitura em Braille para a formação intelectual e cultural das pessoas com deficiência versus o livro falado*. Seminário Políticas de Incentivo à leitura, Superintendência de Bibliotecas Públicas da Secretaria de Estado e Cultura de Minas Gerais. Belo Horizonte, Minas Gerais, Brasil.

Santarosa, L. M. C.(Org.). (2010). *Tecnologias digitais acessíveis*. Porto Alegre: JSM Comunicação.

Santos, A. J. O.,& Castro, S. A. (2013). Autoestima a partir do caminhar: orientação e mobilidade da pessoa com deficiência visual. *Revista Benjamin Constant, 54*. Recuperado de *www.ibc.gov.br/Nucleus/media/common/Artigo3_54.doc*.

Santos, M. do A. P. M.; Costa, J. W. (2015). *A Web e o processo ensino-aprendizagem: novos tempos, novos diálogos?* Recuperado de https://anpedsudeste2014.files.wordpress.com/2015/04/maria-do-amparo-paixc3a3o-maia-santos-josc3a9-wilson-da-costa.pdf.

Silva, S. (2012). Acessibilidade digital em ambientes virtuais de aprendizagem. *Revista GEINTEC*, 2(3), 245-254. Recuperado de http://www.revistageintec.net/index.php/revista/article/view/48/108.

Sonza, A. P. (2004) *Acessibilidade de deficientes visuais aos ambientes digitais/virtuais*. (Dissertação de Mestrado). Universidade Federal do Rio Grande do Sul, Porto Alegre, Rio Grande do Sul, Brasil. Recuperado de http://www.lume.ufrgs.br/bitstream/handle/10183/5626/000428874.pdf?sequence=1.

Sonza, A. P., & SANTAROSA, L. M. C. (2003). Ambientes digitais virtuais: acessibilidade aos deficientes visuais. *Novas Tecnologias na Educação, 1*(1). Recuperado de http://www.seer.ufrgs.br/index.php/renote/article/view/13637/7715.

Valente, J. A. (1997). O uso inteligente do computador na educação. *Pátio, 1*(1), Artes Médicas Sul. Recuperado de http://www.educacaopublica.rj.gov.br/biblioteca/educacao/0024.html.

Valente, J. A. (2011). *Educação a distância: criando abordagens educacionais que possibilitam a construção de conhecimento*. In: VALENTE, José Armando; MORAN, José Manuel; ARANTES, Valéria Amorim (Orgs.). Educação a distância: pontos e contrapontos. São Paulo: Summus.

Valente, J. A. (2013). *Concepções de aprendizagem*. Depto. de Multimeios e Nied–Unicamp & Ced-PucSP. Recuperado de http://catalogo.educacaonaculturadigital.mec.gov.br/hypermedia_files/live/nucleo_de_base1/medias/files/concepcao_aprendizagem.pdf.

W3C Brasil. (2013). *Cartilha de Acessibilidade na Web*, Fascículo II. Recuperado de http://www.w3c.br/pub/Materiais/PublicacoesW3C/cartilha-w3cbr-acessibilidade-web-fasciculo-I.html#capitulo2.

SOBRE OS ORGANIZADORES

Lenise Maria Ribeiro Ortega

Doutora em Educação (PUC Minas). Estudos Avançados (Mestrado) em Ciências da Educação pela Universidad de Extremadura/ES. Mestre em Educação (PUCCamp). Graduada em Pedagogia. Tem significativa experiência na docência e na assessoria pedagógica do Ensino Superior, em cursos da graduação e da pós-graduação, nas modalidades presencial e a distância, na área da Educação. É Professora do Instituto de Ciências Humanas, Departamento de Educação, da PUC Minas. A partir da abordagem histórico-cultural, concentra seus estudos e pesquisas nas áreas de Tecnologias Digitais, Tecnologias Educacionais, Ciências e Educação, Formação Docente, Métodos de Ensino e Avaliação Escolar e da Aprendizagem. É membro do Grupo de Pesquisa Educação, Cultura e Sociedade - ETCS. Integra a Rede Iberoamericana de Pesquisa - Red Emilí@.

Vitor Fiuza Rocha

Mestrando em Educação na Pontifícia Universidade Católica de Minas Gerais (PUC Minas). Graduado em Pedagogia pela PUC Minas, com a distinção de ter realizado um semestre de estudos no Instituto Politécnico de Bragança, em Portugal. Complementando a formação, concluiu especialização em Educação Bilíngue e Plurilíngue, na mesma instituição, e possui formação em Análise do Comportamento Aplicada ao Transtorno do Espectro Autista e Desenvolvimento Atípico (ABA), pela Creative Ideias (RJ). Na trajetória profissional inclui atuação como professor regente e bilíngue nos anos iniciais do Ensino Fundamental. É autor de materiais didáticos de Matemática dos Anos Iniciais do Ensino Fundamental. Em 2020, recebeu reconhecimentos por seu trabalho, incluindo o prêmio *Special Tribute - Cap sur lécole inclusive en Europe.*

SOBRE OS AUTORES

Ana Flávia de Faria Colina

Mestranda em Educação na Pontifícia Universidade Católica de Minas Gerais (PUC Minas). Graduada em Pedagogia pela PUC Minas. Concluiu especialização em Metodologias Ativas para a Educação na mesma instituição, e possui formação em Neurodesenvolvimento Infantil pela Creative Ideias (RJ). Na trajetória profissional inclui atuação como professora regente da Educação Infantil e analista pedagógica em editoras e sistemas de ensino. Tem experiência em produção editorial e é avaliadora de coleções impressas para a Educação Infantil.

Daniella Lopes Dias Ignácio Rodrigues

Graduada em Letras pela Universidade Estadual de Montes Claros (1996), mestre em Letras pela Pontifícia Universidade Católica de Minas Gerais (2001) e doutora em Linguística Aplicada e Estudos da Linguagem pela Pontifícia Universidade Católica de São Paulo (2010). Atualmente é professora adjunto IV da PONTIFÍCIA UNIVERSIDADE CATÓLICA DE MINAS GERAIS, coordenadora do setor de Revisão e Diagramação do ICH, membro do colegiado do Programa de Pós-graduação em Letras e coordenadora do curso de Revisão de Textos em EAD. Fez estágio de doutorado na Université de Genève - **Suíça/Genebra - e Pós-doutorado na** Université Lille III, na França. É membro do GT Análise do Discurso da ANPOLL. Tem experiência na área de Linguística, com ênfase em Análise do Discurso, atuando principalmente nos seguintes temas: discurso, escrita de pesquisa, revisão de textos, leitura e formação acadêmica.

Fernanda Câmpera Clímaco

Doutoranda no Programa de Pós-graduação em Educação: Conhecimento e Inclusão Social da Faculdade de Educação da Universidade Federal de Minas Gerais (FaE/UFMG). É mestra em Educação, Gestão Social e Desenvolvimento Local pela UNA. Pedagoga, graduada na PUC/MG em 2000. Especialista em Construtivismo e Educação na FLACSO, Argentina, em parceria com a UAM - Universidad de Madrid, concluída em 2004 e pós graduada em Infância, Cultura e Práticas Formativas, na FUMEC, em 2011. Atualmente, trabalha com de Formação Docente e Consultoria em escolas públicas e privadas de educação infantil pelo Brasil. Foi formadora regional do MEC no PNAIC Educação Infantil pela UEMG e atualmente é redatora voluntária da BNCC

MG no âmbito da educação infantil. Possui vasta experiência no campo educacional atuando principalmente nos seguintes temas: Infância, Educação Infantil e Formação de Professores.

Jane Quintiliano Guimarães Silva

Jane Quintiliano Guimarães Silva é doutora em Linguística pela UFMG e atualmente é professora do Departamento de Letras da PUC Minas, onde leciona e pesquisa no Programa de Pós-Graduação em Língua e Literaturas Portuguesas. Realizou pós-doutorado no Teachers College - Columbia University, NY, onde desenvolveu pesquisa sobre a prática de escrita acadêmica e o processo de inserção e subjetivação de estudantes na esfera universitária. Também é líder do Grupo de Pesquisa, Subjetividades e modos de dizer nas práticas discursivas do domínio acadêmico-científico, cadastrado no CNPq. Tem experiência na área de Linguística, com foco em estudos de Análise do Discurso, atuando principalmente nos seguintes temas: discursividades contemporâneas; escrita, leitura e construção de saberes e subjetividades.

José Wilson da Costa

Graduado em Engenharia Elétrica pela Universidade Federal de Minas Gerais (1988), mestrado em Engenharia Elétrica pela Universidade Federal de Minas Gerais (1993) e doutorado em Ciências da Informação pela Universidade Federal de Minas Gerais (2002). Professor aposentado de Ensino Técnico e Profissional do CEFET-MG. Atualmente é professor do Departamento de Ciência da Computação e do Programa de Pós-graduação em Educação da Pontifícia Universidade Católica de Minas Gerais. Possui experiência na área de Ciência da Computação, Sistemas de Informação e Informática na Educação, Educação a Distância e Ambientes Virtuais de Ensino e Aprendizagem. Atua principalmente nos seguintes temas: programação de computadores, arquitetura de computadores, ambientes de aprendizagem, software educativo, ensino/aprendizagem, educação e ambientes virtuais, educação a distância e inteligência artificial na educação. Possui livros e artigos na área de Tecnologias Digitais na Educação.

Laura Alaane Mesquita de Araújo

Graduada em Pedagogia pela Pontifícia Universidade Católica de Minas Gerais (2022) e pós-graduanda em Bilinguismo e Educação Bilíngue pelo Instituto Singularidades. Possui formação específica em Neurodesenvolvimento Infantil pela Creative Ideias (RJ). Em sua trajetória adquiriu experiência na área de educação inclusiva, educação bilíngue e alfabetização. Atualmente atua como professora regente e bilíngue da Educação Infantil.

Sandra Andrade de Castro

Doutora e Mestra em Educação pela Pontifícia Universidade Católica de Minas Gerais, pós-graduada em Adolescência pela Faculdade Ciências Médicas de Minas Gerais, e em 1) Psicopedagogia Institucional, 2) Metodologias Ativas e TDIC's na Educação, 3) Docência no Ensino Superior, 4) Psicologia Clínica e 5) Neuropsicologia pela Universidade Pitágoras Unopar Anhanguera. Graduada em Psicologia pela Universidade Federal de Minas Gerais e em Pedagogia pelo Centro Universitário Claretiano de Batatais. Professora em cursos de graduação e pós-graduação, nas áreas de Psicologia e Educação. Integrante do Núcleo de Acessibilidade e Inclusão das Instituições de Ensino Superior, atuando nas providências e mediação de estratégias para o melhor desenvolvimento dos discentes com necessidades educacionais especiais.

Saulo Furletti

Doutor em Educação, Mestre em Ensino de Ciências e Matemática, Especialista em Informática Educativa, Graduado em Matemática. Professor no Instituto Federal de Educação, Ciência e Tecnologia de Minas Gerais (IFMG). Experiência em Blended Learning, Teoria das Situações Didáticas, Metodologia BLeSD, Metodologias Ativas, Educação a Distância, Ambientes Virtuais de Ensino e Aprendizagem, Robótica Educacional, Educação Matemática e Gestão em suas diversas frente na educação.